爆款创意文案

营销策划、撰写技巧及实例全书

张 奔 ◎ 著

中国商业出版社

图书在版编目（CIP）数据

爆款创意文案：营销策划、撰写技巧及实例全书 / 张奔著 . -- 北京：中国商业出版社，2020.7
ISBN 978-7-5208-1186-6

Ⅰ.①爆… Ⅱ.①张… Ⅲ.①商务—应用文—写作 Ⅳ.①F7

中国版本图书馆 CIP 数据核字（2020）第 111293 号

责任编辑：侯静 杜辉

中国商业出版社出版发行
010-63180647 www.c-cbook.com
（100053 北京广安门内报国寺 1 号）
新华书店经销
三河市国新印装有限公司印刷
*
710 毫米 ×1000 毫米　16 开　12 印张　175 千字
2020 年 7 月第 1 版　2020 年 7 月第 1 次印刷
定价：58.00 元
****
（如有印装质量问题可更换）

前言

随着拼多多、小红书、美逛、达令家等社交电商平台的崛起,社交新零售作为新商业时代的一种趋势,渐渐为越来越多的人所熟知。小米创始人雷军说:站在风口上,猪都可以飞起来。而社交零售作为社交电商的新风口,既意味着机遇,又意味着挑战,同时它还蕴含着巨大的财富。

每一个人要想在这个趋势红利行业里掘到金,首先要掌握一个非常重要的变现工具:文案。

有人说,一句好文案,胜过100个销售高手!前奥美知名的金牌广告人关建明也说,"好文案就是印钞机"。那么,文案真的有这样强大的变现能力吗?答案是肯定的。

对于每一个怀揣梦想、渴望实现财富自由的人来说,要想摆脱眼前的苟且,搭上变革迎新的顺风车,不妨先练就一套写文案的好本领。

好的文案可以让你的阅读量篇篇都10万+;

好的文案可以让你的客户快速下单;

好的文案可以让你的产品销量持续猛增;

好的文案可以让你的业绩和奖金翻倍;

好的文案可以让你得到客户和领导的赏识;

好的文案可以收获同事艳羡的目光;

好的文案可以让你拥有孝敬父母的金钱资本;

好的文案可以让你来一场说走就走的旅行。

……

不过，现实和理想总是存在一定的差距。对于文案小白来讲，更多的时候收获的不是高转化率、高销量、高收入，而是频繁被领导毙掉的稿件、来自客户的不满，以及思维枯竭和灵感缺失的无奈。脑袋空空、无从下笔、无的放矢、囊中羞涩，反映出很多文案人尴尬的现状。

为了帮助文案者消除这些困扰，《爆款创意文案：营销策划、撰写技巧及实例全书》应运而生。这本书围绕文案的八个维度（基本认识、准备工作、标题撰写、语言艺术、表现形式、爆款创意、营销理论、结构布局）系统地展开介绍。书中抛开晦涩难懂的理论和概念，深入浅出地为大家介绍一些实用性很强的写作技巧。此外，书中还精选了数百个形象生动的文案实例，对于淘宝、自媒体、微商、中小企业的文案从业者有很强的参考价值。

在这本书中你可以看到什么？

文案的写作目的；

辨别真伪文案的重要依据；

寻找核心用户的方式方法；

轻松读懂客户的消费思维；

掌握爆款选题的几个方法；

让标题阅读率翻倍的写作技巧；

让文案深入人心的语言艺术；

文案的表现形式和色彩搭配；

制造创意文案的有用套路和思维模式；

撩拨用户购买欲的写作技巧；

建立用户信任感的写作要领；

促使用户快速下单的黄金写作法则；

增加文章转化率的结构布局。

……

总而言之，这是一本实用性很强的文案写作指南。只要掌握了书中这些系统的写作技能，你就能和文案大佬一样让平淡的内容变得出彩，让用户为你富有穿透力的文字买单。

当然，如果你读透了书中所举的这些具有代表性的经典案例，你就能节约很多寻找参考范文的时间，也能给你的文案打开全新的思路，助你大大提升写作效率。

不吃饭则饥，不读书则愚。精读一本好的文案书籍，也许改变的不仅仅是你的专业水准，还有你的收入状况，在社会的受尊重程度，以及生活的质感。

行动起来吧！从文案青铜到文案王者，你差的也许只是有用的写作技巧和N次的刻意练习。

第一章　文案是个什么鬼

五个"W"带你认识文案 / 2

也许你认为的文案并不是真的文案 / 4

从文案小白到大神这条路到底要走多久 / 9

杜蕾斯这样做让品牌广泛传播 / 12

销售文案快速变现的几个关键要素 / 18

第二章　10万+文案大佬动笔前必做的功课

这几份调研清单务必先罗列出来 / 24

又不是人民币，讨好核心目标用户就好了 / 28

用 BFD 深度解析客户的消费思维 / 33

别克昂科威高销量背后的群像分析 / 40

寻找爆款文案选题的几个方法 / 44

第三章　标题的价值=整个广告预算的80%

为什么你绞尽脑汁，标题却差强人意？ / 50

使用这几个技巧可以让标题的点击率提高 10 倍 / 53

勤用这几个标题类型，让客户欲罢不能 / 59

特殊字符在标题中的妙用 / 62

那些阅读 10 万 + 的文案标题 / 67

第四章　爆款文案是语言的艺术

文案抽象化 = 废话 / 72

不做作的文字更能直抵人心 / 75

"由不得你不信"的"西纳特拉测试" / 79

带有销罄体质的"房子小三"论 / 83

会说人话的椰汁可以收割戛纳银奖 / 85

第五章　高颜值的文案长什么样子

文案的三个表现形式 / 94

这几个另类的色彩搭配请你绕道 / 97

安利几个吸睛的版面设计要点 / 100

电视广告：如何打造完美的视听效果 / 102

优秀的文案不仅仅有一副好看的皮囊 / 105

第六章　创意营销文案：用户眼球聚集器

好的创意让文案事半功倍 / 110

制造创意文案的 10 个套路 / 114

引爆创意，你需要具备这样的思维方式 / 120

扎心了！支付宝这组创意海报很能打 / 122

知名创意广告人给你的 50 个忠告 / 124

第七章　每一个挥笔成金的文案人都是营销大师

从这四个写作的维度撩拨用户的购买欲 / 132

同质化的产品如何写出眼前一亮的感觉？ / 138

卖点星罗棋布？这三个撰写要点为你厘清方向 / 142

欲让其剁手，必先安其心 / 144

临门一脚，有这四个黄金写作法则就够了 / 149

第八章　偷师高手的创意布局

篇首：点燃用户阅读欲望的关键所在 / 154

篇中：客户读完率的重要环节 / 157

篇尾：以客户为导向，引发好感 / 162

实力卖货女王咪蒙的这篇文案结构值得借鉴 / 166

解析淘宝店主首页面架构策略 / 170

附录：企业营销文案范本展示 / 173

第一章
文案是个什么鬼

　　作为一个文案人,要想写好文案,必须先知道什么是文案,文案的工作职责是什么,文案的类型有哪些。只有了解了这些最基本的常识,你才有写文案的资格。反之,如果对文案没有正确的理解,那么写出的内容一定和领导或者客户的诉求风马牛不相及,最终就无法逃脱被淘汰的命运。

五个"W"带你认识文案

曾经有人说:"一篇好文案顶100个销售员!"也有人说:"好的文案等于印钞机。"不过很多人听到这样的论断深表质疑,他们在心里默默地发问:难道文案真的有这样的销售魔力吗?答案是肯定的。优质的文案可以带来很强的爆发力,能让产品的销量翻倍增长。当然,文案人的薪资也会随着产品的销量水涨船高。

那么,怎么样才能写好一篇文案呢?怎么样才能赚得盆满钵满呢?其实,要想驾驭好文案,还得先从了解文案开始。所谓的"文案"到底是怎么样的一个概念呢?下面我们从"Why""What""When""Who""Where"五个要素认识一下它。

Why:文案写作的目的到底是什么呢?其一,让客户了解你的品牌和产品,为他们传递有关产品和服务的一些信息;其二,引导和鼓励客户做出购买的行动。

What:什么是文案呢?它有广义和狭义两种理解。广义的文案是指广告的全部,具体包括广告的策划、文字、图片、视频,等等。狭义的文案是指广告作品中文字的部分,比如广告的标题、副标题、正文等文字。

When:从事文案活动的时间一般都在广告活动之前。文案人围绕一个新项目会展开很多思考。

Who:关于"什么样的人可以写文案"这个问题,并没有明确的要求。任何人都可以成为一名文案人员,只要你会写,只要你写的文案能满足雇主的要求，能够打动客户促成销售。不过要成为一名合格的、优秀的文案人并不是一件很容易的事情，洞察力、表达力、创造力、感性思维等这些职业素养都是必不可少的。

Where：从理论上来讲，一个文案人工作的地点是不受限制的。但是这也不能一概而论，有些直接为客户和代理公司服务的人可以随意选择办公地址，还有一些从业者必须与公司的销售人员、研发人员、会计协同作战，因此工作的场所会受到限制。

以上就是对"文案"这一概念的大概解读，下面我们从几则广告语入手，一起来加深对这个概念的理解。

挖掘技术哪家强？中国山东找蓝翔！
哪里不会点哪里，步步高点读机。
今年过节不收礼，收礼就收脑白金。
"嘿，你的益达。""不，是你的益达。"
爱生活爱拉芳。
血气充足才健康，补血认准九芝堂。手暖脚暖睡得香，浑身有劲血气旺，面色红润万人迷！九芝堂驴胶补血颗粒，别买错了！

看看这些耳熟能详的广告语，相信大家都能倒背如流了吧！这些文字简单易懂，读起来朗朗上口，而且很容易记忆和传播。对于有消费需求的客户来讲，他们看见这样的广告产品一定会有一个认识、了解的过程。如果文案效果做得好，客户还会在了解信任的基础上进一步掏出腰包里的钱把产品买回家。这就达到了写文案的目的。

一个文案人要做到这一步并不容易，他们需要事先挖掘产品的价值，想好文案相关的主题、表现形式等，再和公司相关部门的人员沟通预算、客户的消费习惯、页面制作的细节等问题，最后在大家的共同努力下，一篇具有销售力的文案才能逐渐成形。

要点总结：

"Why""What""When""Who""Where"是你正确认识文案的五个关键要素。这五个要素相辅相成，互相配合，才能成就一个完整的广告文案。

也许你认为的文案并不是真的文案

喜欢逛微信朋友圈的读者，一定会发现在圈内流行着很多类似这样的标题：《对不起，看到小学生的文案，我准备辞职了！》《小学生真出来抢文案饭碗了！》《对不起，小学生的文案都比你强！》《最新版小学生文案火了！我又输了……》。作为一名文案从业者，看到这样的标题一定会惊得虎躯一震，内心的焦虑感油然而生，难道自己用十年寒窗苦读的知识和点灯熬油的拼劲思考出来的文案竟然被一个小学生想出来的文案给轻轻松松KO了，这可真是滑天下之大稽啊！

对此，我只想把英国作家朱利安·巴吉尼、杰里米·斯唐鲁姆曾说过的一句话送给那些为博眼球、随口胡诌的小编，这句话就是：不要总以为，你以为就是你以为的。这些小编连最基本的文案和段子都分不清楚，就开始滥用"文案"这一词汇，平白给文案人制造了恐慌。

下面我们把这些所谓的"文案"拿出来和大家一起看看。

就算你是根烂草，
跟大闸蟹绑在一起，

你也是大闸蟹的身价。

复习时是自大,
考试时是健忘,
考后病情好转,
发卷时心脏病发作。

学科学之前:
我在喝西瓜汁。
学科学之后:
我在喝西瓜营养组织的细胞液。

瑞士的地形特点,
就像我考试时的成绩。
希望我的成绩,
能像巴西高原一样或亚马孙平原!

天啊,
地啊,
同学和老师啊,
谁能告诉我,
何日秋游啊?
我准备的酸奶过期了,
我准备的薯片过期了,
而下一个即将过期的,

恐怕就是我这善良的
心灵了呀!

　　咏春
冰雪融化春水流,
万紫千红愁更愁。
日起月落无止境,
课外班里度春秋。

　　《王子病》
你长得一般,
身材也一般,
但从跟我很配这点来看,
你是公主没错。

问君能有几多愁,五人四坑赶快投。
队友坑我千百遍,我待队友如初恋。
文能挂机喷队友,武能越塔送人头。
静则百年不见人,动则千里送超神。
英勇闪现送一血,卖起队友不回头。
十步坑一人,千里送曹操。
将进酒,坑队友,打团战,不参加。

　　不可否认孩子们的这些段子和打油诗里藏着他们天真烂漫和无穷无尽的想象力,但是这些段子都不能和文案画等号。所谓的文案不仅仅是一个逗笑的段子，一段朗朗上口的打油诗，更是商业化的文字写作。

可以说，有没有商业目的是判断一段文字内容是不是文案的重要标准。借用美国零售广告公司总裁朱蒂丝·查尔斯的一句话："文案写手，就是坐在键盘后面的销售人员。"文案的本质就是销售，如果脱离这个目的写文案，那就纯属浪费客户的时间和金钱。

了解完真伪文案的判断标准之后，我们再来解析一则张贴在北京地铁的魔性海报。

这张海报的主色调是醒目的红，海报上一共有150个穿着红衣服的人，他们个个笑容满面。凑近海报，还会发现有些人旁边附着一些引人深思的话。

大多数人不是在列计划
只是在许愿而已

努力如果不能给他人带来价值
那就是一种演技

累垮你的不是工作
而是工作方式

没有所谓的完美计划
你需要的是一个B计划

少问"为什么"
多问"怎么样"

放弃多线程工作
人脑每一次切换任务都有可观的时间成本

时间是无法被管理的
你只能管理你的优先级

真正的"会说话"不是八面玲珑
而是通过沟通解决问题

只有你想看到的
你才能看到

为了避免真正的思考
人会愿意去做任何事

你被什么所保护
也会被什么所限制

从来都不存在"正确的选择"
只有对当下来说最好的选择

  置身其中，读到这样毒舌且意味深长的文字，人们不免驻足深思，有的还会发朋友圈分享。也许这个时候有人要问了，这些文字和前面提到的小学生文案读起来差别不大啊。在这里要强调的是，配方还是原来的配方，但是性质不一样了，后面的这则海报充满了浓浓的商业气息。这上面的人大部分是来自钉钉的合作伙伴，大家一起为钉钉造势，一起发出了

"为企业服务"的宣言,目的是让大家了解钉钉,认识钉钉,并且下载和使用钉钉。这样的文字配上这样的商业目的,自然是文案无疑了。

要点总结:

文案和段子、鸡汤、打油诗有本质的区别。鉴别真伪文案,需要以商业目的为基准,而不能依靠主观意识去评判。

从文案小白到大神这条路到底要走多久

关于文案的薪资,网上有人抛出这样一个问题:为什么有的文案年薪5万,有的文案年薪50万?这个问题可以说问得很扎心。同为文案从业者,有的人赚的只够"眼前的苟且",而有的人却早早地实现了"诗和远方"。

对此,有的文案小白不禁发出一句来自灵魂的拷问"凭什么"。是啊,这些文案大神凭什么可以让金主爸爸慷慨解囊,凭什么可以日进斗金,达到人生巅峰?其实这问题的答案藏在下面的这则文案故事里。

某餐饮店的老板打算掏3万元钱给自己的店树立品牌,提高收益。他同时找了两个人给自己的餐饮店写文案,谁的方案得到认可,这钱就是谁的。

文案人甲认为老板肯定是想多来客人,多赚钱。于是,他的文案思路就变成了这样:多多凸显客户得到的利益,可以提升营业额。他的文案主要围绕"厨师手艺多么高超、就餐环境多么洁净、每道菜多么可口"这几个方面来写。

而另一个文案人乙则没那么着急动手，他先是询问老板最近的营收情况，了解了每天客人就餐的高峰期、收入情况，以及客人喜欢的菜品；随后又走访了很多附近的人，分析了这一区域内人群的年龄、喜好、职业等；最后还对周围其他的餐馆做了调查和统计，比如其他餐馆饭菜的特点、类型，客人的年龄分布等。等这一系列烦琐的调研结束之后，他才开始了文案的写作。

看完这则案例，你觉得老板会选择哪个人的文案呢？很明显，乙的文案思路简直可以甩甲好几条街了，这3万元非乙莫属。拿破仑说不想当将军的士兵不是好士兵，那么套用他的这话来说，不想当大神的文案人也不是好的文案人。每个小白都有实现财富自由的美梦，可是从年薪5万到年薪50万，从小白到大神这条路到底要走多久？

其实，这条路可长可短。究竟长短如何，完全在于文案人自己把握，有的人用半年时间就从青铜蜕变成王者，有的人走了三五年还是青铜。不过，小白从低处仰望大神，总能发现一些成功的秘诀。

第一，调整心态，找准自己的位置。

对于文案，很多小白有着特别深的误解。他们有的人认为文案只是在办公室里喝喝茶、聊聊天，然后大家脑洞大开，想一些有趣的段子，煲几个鸡汤句子，或者写一段小诗；也有的人觉得文案就是文员，带着一些文员的工作经验就去面试文案；还有人觉得自己爱好文学，爱好写作，以自己的才华写几个文案简直绰绰有余。

其实这些都是自顾自嗨的不切实际的想法，招聘者看到这样的应聘者真的是哭笑不得，因为在他们的招聘要求中，文案应该是这样的：

1.撰写公司各种策划方案、研究报告，规章制度，总结计划；

2.负责撰写相关项目的招商文案，包括网站、画册、策划案、品牌文案等；

3. 负责收集整理项目所涉及的各类数据，包括广告、文案的收集，并建立数据库；

4. 配合公司的品牌宣传、策划等工作；

5. 关注行业动态，结合时事对宣传策略规划、创意表现与文字内容规划提出合理性建议。

看看这样的招聘要求，文案小白们是不是一个头两个大，再也不敢妄称自己是一块写文案的好料了呢？不过大家也不要被这样的阵势吓住了，更正自己的认知，端正自己的心态，踏踏实实地去学习、去钻研，那么你就离大神越来越近了。

第二，敏锐的洞察力。

好的文案不需要多么华丽的辞藻，也许只一句简单直白的话就能带来爆发式的销量。比如台湾山叶钢琴，它的文案宣传语是："学钢琴的孩子不会坏。"这一句话就戳中了多少父母的心，它虽然没说自家品牌的钢琴多么好，但是这句话却告诉所有父母，学钢琴可以让孩子身心健康成长。

这个广告策划者敏锐地洞察了父母内心的需求，因此这样的话得到了大家的认可，山叶钢琴也因此打开了更好的销路。

第三，创造性思维。

创意是营销文案中非常重要的元素。充满创意的文案不仅可以准确表达产品的特点，更能使其在同质化严重的市场环境中脱颖而出，迅速抓住人们的眼球。比如，FedEx快递的广告画面是这样设计的：在地图亚洲和澳洲的位置上分别设置了两个窗户，打开窗户，一抬手，就可轻松传递物品。旁边还配着"从亚洲到澳洲，犹如临窗之隔"的标语。

这则文案图文并茂地传递了FedEx快递的速度之快。脑洞大开，思路清奇，而且也恰到好处地满足了客户求快的心理，值得所有文案小白学习和借鉴。

以上只是一个优秀文案人需要具备的最基本的职业素养。除此之外，优秀的文字表达能力、一定的抗压能力、超强的学习能力，也都是必不可少的。当然了，心理学和市场营销方面的知识也得熟练掌握。

要点总结：

从文案小白到文案大神，这其中的蜕变之路需要大家掌握很多的专业技能，还要调整好自己的心态，提升各方面的能力。当然除此之外，也要走很多弯路，吃很多苦头，遭受很多否认和质疑。总而言之，小白要想站在行业的金字塔上需要千锤百炼，方能有所作为。

杜蕾斯这样做让品牌广泛传播

说到文案的品牌营销，杜蕾斯是当之无愧的王者。虽然由于它敏感的行业性质导致其在主流媒体的传播中受到诸多限制，但是这丝毫不妨碍它在微博、微信等社交媒体平台上放飞自我。

杜蕾斯的文案策划人非常有创意，每到节日，他们都能借势推陈出新，让人眼前一亮，再加上它本身就是情趣用品，人类对"性"话题出于本能也会产生浓厚兴趣，因此借助这种天然的优势和独到的文案创意，品牌传播取得了非常好的效果。下面我们欣赏几组它高段位的操作！

杜蕾斯三八节的文案：

women

wǒmen

先有你们，再有我们。

这则文案既蹭了节日的热点，又宣传了自己的品牌，一举两得。

杜蕾斯在愚人节的文案则是这样的：图片上放着一个两道杠的验孕棒，旁边俏皮地写了一句话：拿去骗那些没戴杜蕾斯的吧。

杜蕾斯文案不仅懂得借势节日，还见缝插针地蹭热点事件。

苹果7发布会后，其无线耳机成为吃瓜群众的槽点。

杜蕾斯也赶紧跟风，借助无线耳机蹭一波热点。

此外，杜蕾斯在感恩节和其他品牌的友好互动也为人们津津乐道。比如，它与绿箭口香糖的互动文案是这样的：

亲爱的，绿箭口香糖：感谢你。这么多年，感谢你在我左边，成为购买我的借口。

它与德芙巧克力的友好互动是这样的：

亲爱的，德芙巧克力：感谢你。因为你的怦然心动，才有了我的初次登场。

它与美的电饭煲的互动文案是这样的：

亲爱的，美的：感谢你。感谢你让生米煮成熟饭。

……

作为一个品牌文案，杜蕾斯真的是玩到了极致，它的这些文案重点为人们展示了其品牌名称和特点。每个文案似乎都在告诉人们：我是谁，我是干什么的！

另外，杜蕾斯在展示品牌形象和特点的时候，也不忘加入一些搞笑的符合人性原理的要素，这样就驱动人们自动转发，从而实现广泛传播。

当然，品牌文案的表现形式多种多样，除了展示品牌名称和特点外，有的文案还着重展示品牌的精神。比如耐克，在三八节到来之际，它推出了全新的广告短片和几则海报，主要致敬那些敢于挑战自我、为梦疯狂的女性。下面是文案文字部分的赏析。

如果我们流露情感

就会被说"戏太多"

如果我们想和男性同场竞技

我们就是疯了

如果我们梦想有平等的机会

就是痴心妄想

如果我们站出来表达什么立场

就是精神失常

如果我们太优秀

就一定是出了什么问题

如果我们愤怒

就是歇斯底里,不理智或者疯了

但一个女人跑马拉松是疯了

女性打拳击,疯了

扣篮的女人,疯了

执教 NBA 球队的女人,疯了

戴着头巾比赛的女人,疯了

转行另一项运动的女人

完成空中斜向转体 1080 度的女人

或者获得 23 项大满贯

生孩子然后回来继续前进的女人

疯子,疯子,疯子,疯子,还是疯子

所以,如果有人想说你疯了

好啊,让他们看看疯子可以做些什么

It's crazy until you do it!

Just do it!

短视频展现了这些"女疯子"到底都在干些什么,她们敢于打破传统观念的束缚,实现自我的突破。这样的内容展示,这样的文字渲染,再加上背景音乐的烘托,看得人热血沸腾,当然这样的正能量更能引发人们传播的冲动。

另外,耐克也推出了《管什么分寸》为主题的一系列海报,非常吸睛。

管什么分寸
五星拳王,太不淑女?
请来当面指教

(五星拳王、105磅级别的世界第一)

蔡宗菊

管什么分寸
跳得过纪录,也跳得出命运

(香港跳高纪录保持者、跨界模特)

杨文蔚

管什么分寸
我征服的那些山知道
我抑郁过,但没软弱过

(攀岩爱好者)

郭妮娜

管什么分寸

在世界豪门,一样踢主力

（中国女足队员、大巴黎现役球员）

王霜

管什么分寸

MVP和博士学位,我都要拿下

（国家篮球队队长）

邵婷

像这样充满正能量的话特别鼓舞人心,它既体现了耐克品牌的精神,而且也契合了潜在消费群体的价值观,因此对于品牌的塑造和传播具有很重要的意义。

当然,品牌文案的撰写也有一定的套路。

第一,把品牌的名称融入广告语当中。比如,"有家,有爱,有欧派!""车到山前必有路,有路必有丰田车。"

第二,和客户的利益紧紧绑在一起。比如,"步步高点读机,妈妈再也不用担心我的学习了。""美的不只是商品,廉的绝对是价格。"

第三,产品场景化。比如,慢严舒柠的广告语:

"儿子啊!"

"妈慢点。"

"哦,谢谢!"

"En en en(嗓子不舒服的腔调)。"

"你是不是感觉喉咙老有东西,咳不出来又咽不下去,嗓子又干又痒,早晨刷牙还恶心干呕?"

"是啊!"

"这是病。这病啊,专业的药才管用。"

"啥药?"

"慢严舒柠牌清喉利咽颗粒。"

"慢严舒柠牌清喉利咽颗粒?"

"管用。"

第四,凸显产品的属性。比如,材质、处理工艺、种类、样式、风格、包装、规格、产地、价格,等等。"农夫山泉:我们不生产水,我们只是大自然的搬运工。"

在撰写品牌文案的时候除了要能灵活运用套路,还需要注意把广告语写得简短易懂,毕竟在这个碎片化阅读的时代,客户的目光停留在广告上的时间或许只有一两秒。另外,在有限的时间里,一定要介绍清楚产品的特点或者功效,要不然交付的广告费用可能就打水漂了。当然了,品牌文案最好给客户一些价值观,这样他才愿意和你的产品产生关联。

要点总结:

品牌文案是单向传播。若是品牌文案能够在第一时间赢得客户的关注,再通过多方位的宣传渠道,多次反复曝光,在目标用户心中建立其信赖感和影响力,那么无疑是一次成功的文案策划。

销售文案快速变现的几个关键要素

在互联网高度发达的今天,越来越多的人选择用销售文案在各大社交平台上卖货。不过有的卖货文案一呼百应,客户看了争相抢购;有的销售文案砸下去却溅不起半点水花。为什么同样是推销产品,两者的成效却天差地别呢?

其实,综观那些实力卖货的文案,大多都离不开这几个关键步骤。

第一,吸引客户的眼球。有人在网上提问:朋友圈里卖货,最重要的是什么?下面的回答不约而同地指向了争夺用户注意力的问题。事实上,的确如此。试想一篇卖货文案就算内容写得再好,再怎么介绍产品的优势,再怎么描述东西物美价廉,若是客户看都不看一眼,连点击的机会都不给你,你又如何打动他购买你的产品呢?

有人说,一见钟情,钟的不是情,而是脸。其实卖货文案又何尝不是这样呢?如果把一篇销售文案比作一个女人,那么标题就是这个女人的脸。只有这个"脸"吸引了客户的注意力,俘获了他们的芳心,他们才会进一步了解你的内核。

第二,找到产品和客户的利益相关点。老话说,无利不起早,百事利当先。很多时候,产品带来的利益才是客户打开钱袋的驱动力。所以销售文案里最不可忽略的一点就是不遗余力地阐述产品给人们带来哪些益处,否则与己无关的产品,客户多看一眼都觉得浪费时间。

在我们的日常生活中,有很多时候都能看到或听到这样一句广告语:

1600万柔光自拍，照亮你的美。这是vivo X7 / X7 Plus的广告文案。1600万柔光自拍是这款手机的一个功能，而它把这个功能和人们的利益点（喜欢把自己拍得美美的）联系在了一起，所以这款手机一上市就得到很多青少年朋友的喜爱。

第三，建立客户对产品的信任。有的销售文案把产品介绍得天花乱坠，说这个产品可以给客户带来多少多少好处，不过悲剧的是客户对产品的功效并不是十分信任，总觉得销售文案像王婆卖瓜，自卖自夸。此时若是想让消费者点击购买的按钮，那是不可能的，因为谁都不会把自己辛辛苦苦赚的血汗钱拿出来和一个完全不信任的产品做等价交换。

第四，给客户一个立即购买的理由。有的时候销售文案就算取得了客户的信任，也未必能打得开客户的钱袋子。因为客户在想，这件产品确实非常好，不过我目前手头有点紧张，算了，还是不买了吧！还有的客户看了之后犹犹豫豫的，还想着回家和亲朋好友商量一大圈，这样的话，购买行动就算遥遥无期了。

所以，聪明的文案人都会想方设法给客户一些立即购买的理由。比如，限时降价、产品价格分解等，这样客户在利益的驱使下就会赶紧为产品买单。

下面是以蓝月亮洗衣液为代表的电商详情页的部分文字的展示。

轻松洁净，告别烦琐洗衣，让衣物持久洁净亮丽

是否经常遇到这些洗衣难题？
去渍困难、担心残留、颜色暗淡

机洗手洗经典套装
摆脱洗衣困扰 缔造品质生活

密封性好 可携带乘机 强效去污 亮白增艳 专业预涂 轻松去油污

品质见证NO.1 深层洁净，更放心
突破性高效洁净因子＋去污增效因子，深层去渍，防止污渍再附着

品质见证NO.2 强效去污，更省心
高出行业标准40%的高浓度活性物，去污力更强

★洗衣液浓度≠黏稠度，一般来说总活性物含量越高，浓度越高，去污力越强。

★洗衣液中的活性物含量的行业标准为15%。广东省产品质量监督检测研究院2015年4月14日检测报告显示，蓝月亮亮白增艳洗衣液的活性物含量为21.1%，高出行业标准40%。

品质见证NO.3 持久亮丽，更舒心
独特亮白增艳技术，白衣更洁白，彩衣更鲜艳
蓝月亮洗衣液 洗涤25次后依然亮丽如新

品质见证NO.4 易漂易洗，更节约
独特低黏配方，遇水迅溶；独特泡沫控制技术，易漂洗更节水
入水后急速扩散，全面释放洁净能量
低泡配方，易漂洗、防溢泡、更节约

品质见证NO.5 经济环保，更实惠
高浓度配方，少用量易漂洗，经济且环保
30g机洗洗衣液可洗约10件衣服
6kg机洗洗衣液可使用约7.5个月

这种简约易懂的文案销售力很强。首先，它用去渍困难、担心残留、颜色暗淡的痛点勾起客户的购买欲。然后，用密封性好、强效去污、亮白增艳等词汇阐述了产品的优势，但是这样的产品优势的描述未必能获得客户的信赖，因此它又借助广东省产品质量监督检测研究院这一权威机构，树立人们对该品牌洗衣液去污力强的信任度。此外，该文案还用一组具体翔实的数字证明该洗衣液的经济实惠性，切切实实地紧扣客户的利益，让客户觉得这洗衣液买得一点都不亏。最后它还用"机洗手洗套装，每满100元减5元，数量有限，立即抢购！"这样的话引导人们立即购买。

综上所述，这样的销售文案很值得大家学习借鉴，里面涉及的这几个要素也是快速变现的关键。

要点总结：

在销售文案里，大家可以用"产生购买欲→利益相关点→建立信任感→引导购买"这样的模式套路客户。

第二章
10万+文案大佬动笔前必做的功课

作为一个资深的文案人,一定知道"任何爆款文案都不是一蹴而就"的道理。在文案写作之前,为了能够快准狠地抓住客户的心,文案人通常会做调研,找目标客户,解析客户的消费思维,分析用户群体,寻找有创意的选题。只有这些准备的功课做好了,文案才能具备引爆的潜质。

这几份调研清单务必先罗列出来

著名的物理学家牛顿为什么能发现万有引力定律?因为他在这之前做了很多相关的研究,投入了大量的时间和精力去思考,从而为这一定律的发现奠定了坚实的理论基础,否则树上的一颗苹果砸下来,头上砸出的很有可能只是一个包,而不是举世瞩目的科学发现。

同样的道理,要成功地完成一篇文案,事前的调研相当重要。如果没有这项准备工作,那么文案就像夜行的船失去了指明灯,写作没有了方向,并且随时都有翻船的可能性。

一个资深的文案人在动笔之前通常会进行大量的思考和调研,罗列出以下清单,以此来作为他写作的依据。

清单一:和产品相关的所有旧资料

- 新闻稿
- 市场研究
- 产品说明书
- 技术资料
- 产品目录单页
- 网站资料
- 宣传册
- 视频脚本
- 年度报告

- 产品使用者的评论
- 竞争产品的相关资料

清单二：与产品相关的所有要点

- 产品的特点、功效
- 产品的优势劣势
- 产品的技术支撑
- 产品应运的领域
- 产品打开市场的突破口
- 产品的效率
- 产品的性价比
- 产品的便捷程度
- 产品的售后
- 产品的材质、尺寸、型号
- 产品的口碑
- 产品运输的速度
- 产品比竞品的优越性
- 产品的潜在客户

清单三：和潜在消费人群相关的要点

- 客户的性别
- 客户的年龄
- 客户的购物喜好
- 客户的地域分布
- 客户的收入状况

- 客户的已婚与否
- 客户受教育的状况
- 客户的价值观
- 客户对产品满意与否
- 客户购买产品的频率
- 客户对产品的认知程度
- 客户的顾虑
- 客户的购买欲
- 客户的购买时机

清单四：盘点文案的写作目的

- 认识产品
- 了解品牌
- 塑造品牌好感度
- 打造公司形象
- 传达产品的新消息
- 识别业务
- 建立信任感
- 鼓励客户做出购买行动
- 引流变现

在文案动笔之前，一定要好好思考品牌、产品、客户这几个关键词所包含的内容，并且尽可能详细地列出上述的四个清单，这样你的文案才会写得有理有据、内容翔实、可信度强，销量也会稳步增长。反之，倘若文案一开始并不去做调研，不了解这四个清单里的内容，那么写作就会带着很强的盲目性，最终难免会以"盲人骑瞎马，夜半临深池"的悲剧收场。

下面是一个成功的文案调研活动,我们一起来解读一下。

有家淘宝店主准备推出一款全新的婴儿定型枕,于是他找来了资深的文案策划人小菲为这款产品写一则有销售力的文案。

小菲接到这一任务之后并没有立刻着手去写,而是和委托她的淘宝店主进行了深度沟通。在沟通中小菲了解到淘宝店主的诉求,也对这款新型婴儿枕有了全面的了解,于是她为自己接下来的文案罗列出一系列的要点。

文案目的:也就是淘宝店主的诉求,提高页面的转化率。

和产品相关的要点如下。

功效:科学预防婴幼儿出现偏头、尖头、扁头。

优越性:市面上普通的定型枕坡度陡,枕距不可随意调节;而这款定型枕科学设计坡度,由内而外增加高度,并且可以多维度调节,既避免了宝宝窒息的风险,又很好地满足了宝宝多维度的睡眠需求。

面料:彩棉暖面和苎麻棉凉面两种选择,适合不同的季节使用。

枕芯:荞麦壳填充,透气性强。

安全性:零甲醛,有质检报告。

颜色:粉色、蓝色、黄色、紫色,不同色号满足妈妈们多种审美需求。

价格:厂家建议售价110元,本店实际售价为49元。

售后保障:本店严格按照政府有关部门的规定,如果因价格、产品说明等因素误导销售者,我们将愿意承担退货、换货!

和潜在消费群体相关的要点如下。

性别:一般购买此类定型枕的八成为女性。

年龄:大致多是宝宝在0~6个月的宝妈们。

喜好:喜欢浏览各大电商平台,发现性价比高的宝宝物件。

痛点：担心错误的睡姿导致自己的宝宝出现偏头、尖头、扁头。

对产品的认知程度：听说过这样的枕头，没有购买过。

客户的顾虑：定型枕的面料是否透气，高度是否会对宝宝的脊椎造成伤害，这样的枕头价格贵不贵，如果买得不满意是否可以退货。

……

经过一系列的产品调研活动之后，小菲才开始在调研结果的基础上认真思考文案需要表达的重点，最后她写出的文案得到了淘宝店主极大的肯定。

赫尔穆特·克朗(Helmut Krone)被尊崇为广告行业中最杰出的人物之一，他在写文案之前都会拿出一张白纸，在上面写上一些自己的想法。作为一个文案人也需要有这样的精神，只有有了充足的准备，才能让后续的文案写得具体翔实，且富有销售力。

要点总结：

调研清单＝产品旧资料＋产品要点＋消费人群相关点＋文案写作目的

又不是人民币，讨好核心目标用户就好了

有一则《父子骑驴》的故事，相信很多人都听说过。

有一天，一对父子在集市上卖完货回家，他们边牵着驴子边走。这时有人看见他们，笑话他们："有驴子不骑！真傻。"

于是父亲赶紧让儿子骑在驴背上，自己在一旁跟着走，走了一会儿，

又有人说:"这儿子真不孝,自己骑驴,让父亲跟着走。"

听到这话,父亲又赶紧把儿子叫下来,自己骑在了驴背上。可没过多久,又有人说:"这父亲真狠心,一点儿也不心疼孩子,也不怕孩子累着。"

这时父亲连忙把儿子也拉上了驴背,两个人一起骑着驴,可是还没走几步,看见的人说:"好可怜的驴,背上要承受那么大的重量,都快被压死了。"

于是他们就都下来走路。可是看到的人依旧笑话他们真笨,有现成的驴不骑反而自己走。

最后父亲叹了口气,无奈地说:"这也不行,那也不行,咱们只能抬着驴走了。"

父子二人把驴的四蹄绑住,用棍子扛着,可是这样驴子很不舒服,拼命挣扎,在经过一条河的时候,驴子挣脱掉绳索,掉进河里淹死了。

这则故事寓意深远,它告诉人们不必讨好所有的人,因为你不可能满足所有人的要求。每个人都是一个独立的个体,其出发点和利益点各不相同,所以要同时满足所有人的需求是不可能的。

网上有一句流行语是这样说的:我不是人民币,做不到人人都喜欢。其实文案人也应该树立这样一个观念:我写的文案并不能博得所有消费者的青睐,我只需讨好那些核心的目标用户就好了,因为他们才是真正想掏钱买东西的人。

好的文案都会使用"核心用户视角",说出核心用户的心里话,这样才更容易被核心用户所接受。比如美柚 APP,它的核心用户是女性人群,涵盖了孕妈妈、辣妈、职场女白领、女大学生等年轻女性。所以它的广告宣传语只是针对这类核心用户而写的,比如,里面涉及的关键词:生娃、带娃、准确预测生理期,都是这类核心人群面对的主要问题。其产品的代言人也是挑选了年轻有活力的美少女,而不是男人或者老人。

再比如足力健老人鞋。它销售的主要产品是老年鞋，所以广告语是围绕老年人的痛点和需求展开的。不过足力健也很明白，真正的消费者和营销对象还是二三十岁的年轻消费者，这些年轻人为了自己的父母走路能舒适，一定会很慷慨地掏腰包去买的，所以足力健的广告宣传语也会围绕孝敬父母展开，而其投放的产品销售渠道也是贴近年轻人的。比如，淘宝、天猫第三方平台、微信公众号上的微信商城，而且还开通了品牌小程序商城。

此外，大家需要注意的是，好的文案不仅仅是站在核心用户的角度上为其描述既得的利益，而且还懂得正中靶心，将用户最痛的点罗列出来，以此点燃客户的购买欲。

比如A品牌的老人按摩椅，B品牌的治疗风湿骨病的药，它们的产品针对的是老年人，但是它们瞄准的消费群体却是年轻人，它们的广告宣传语大多都围绕"父母勤苦操持一生不容易""子欲养而亲不待"这样尽孝的主题展开，因为这样才能戳中这些核心用户最痛的痛点，从而使其产生购买的行为。

读到这儿，很多人的心里可能会产生新的疑团：我知道写文案找准核心用户确实很重要，戳中他们的痛点也很关键，可是什么样的人群才是核心用户呢？这些核心用户怎么找呢？

针对这个疑问，以下是解决的两种方法：

第一，锁定用户需求，然后以此为出发点，找到目标人群。

试想，同样是手表，一块20元的手表和一块20万元的手表满足的需求能一样吗？虽然手表的功能都是用来看时间的，这两种价值不同的手表都能满足用户这一普通的需求，但是价值20万元的手表除了看时间，还寄托着用户彰显身份的需求。名贵的手表代表着其尊贵的身份、高高在上的社会地位，戴上这样的手表可以很好地凸显用户的优越感，满足其情感的需求。所以根据不同的需求，就能找到手表不同的核心用户。

不同的手表找到了不同的核心用户，那么文案的撰写肯定也会根据其价格的差异而有所不用。对于20元的手表，文案可能会围绕款式、耐用程度、手表精准程度，以及流行趋势等元素来写；而对于20万元的手表，则会围绕尊贵奢华这样的主题来写。

第二，对于已经面市的产品，可以在老客户里找核心用户。

对于新产品而言，找到核心用户需要从其需求出发。对于上市的产品，那么大家可以通过调查问卷的形式找到目标人群。

一般调查问卷分为四个部分：卷首语＋问卷内容＋问卷记录＋问卷填写说明。问卷的形式可以是封闭式的，也可以是开放式的。大家在设计问卷的时候一定要明确主题，避免出现一个提问两个回答的情况发生；另外设计的内容要通俗易懂、简单明了，且具有合理性。

以下是某房地产设计的目标客户问卷调查表，可供大家参考。

目标客户问卷调查表

1. 您觉得哪个区域住得比较舒服？

A区□　B区□　C区□　D区□

2. 您觉得什么样的环境最好？

海边□　商圈□　风景秀美□

3. 您最欣赏什么风格的园林景观？

北方园林□　巴蜀园林□　江南园林□　岭南园林□

4. 您理想的小区规模大概有多少平方米？

5万平方米以上□　50万平方米以上□　180万平方米以上

5. 您觉得哪个公共配套设施是最重要的？

购物商场□　教育机构□　超市□　医院□　果蔬农贸市场□　地铁公交站□

6. 您最喜欢的休闲娱乐配套是什么？

游泳馆□ 篮球场□ 图书馆□ 游乐场□ 其他□

7. 您觉得什么样的住宅类型比较好？

高层（11~30层）□ 小高层（7~10层）□ 多层（4~6层）□ 低层（1~3层）□

8. 您会买多少平方米的房子居住？

60~80 ㎡□ 80~120 ㎡□ 120~160 ㎡□

9. 您觉得哪种户型比较理想？

一室一厅□ 一室两厅□ 两室两厅□ 复式□ 其他□

10. 您希望主卧的面积是多少？

10~20 ㎡□ 20~30 ㎡□ 30~40 ㎡□ 50 ㎡以上□

11. 您希望哪种材料铺地板比较好？

水泥砂浆地面□ 大理石地面□ 水磨石地面□ 环氧树脂□ 瓷砖□ 木地板□

个人的基本情况：

姓名：

性别：

年龄：

职业：

联系方式：

当然了，随着互联网的日益发达，各种调查问卷已经不仅仅局限于线下，线上也有很多调查问卷的工具可供大家使用，比如，腾讯问卷、问卷网、问卷星、金数据等。大家在寻找核心用户的时候，可以充分运用这些工具。

要点总结：

核心用户是文案的终身法官。找到核心用户的方法：从客户需求出发；线上线下进行问卷调查。

用BFD深度解析客户的消费思维

我们都知道人的行动是受大脑支配的。这也就是说，客户的消费思维是其购买行动的决定因素。因此，写文案之前，不仅要知道核心用户是哪些人，更要知道这些人脑子里到底在想什么，什么样的话才能打动他们，怎样才能唤起他们头脑里最强烈的情绪，从而使其忍不住购买，或者传播你的产品。

对此，著名的文案大师迈克尔·马斯森特提出了"核心情绪"这一概念。具体来说，它是指消费者的信念（Beliefs）、感受（Feelings）、渴望（Desires），即BFD。这三个方面决定着消费者的行为。

第一，什么是信念？它指的是消费者相信什么。

比如，聚美优品的陈欧为自己代言。

你只闻到我的香水，却没看到我的汗水

你有你的规则，我有我的选择

你否定我的现在，我决定我的将来

你嘲笑我一无所有，不配去爱

我可怜你总是等待

你可以轻视我们的年轻，我们会证明这是谁的时代

梦想是注定孤独的旅行，路上少不了质疑和嘲笑

但那又怎样？哪怕遍体鳞伤，也要活得漂亮！

陈欧"我为自己代言"的这段广告语既道出了80后、90后所面临的困境，也表达了他们对于理想和未来的憧憬和信念。这样的话很有共鸣感，用户在感慨共勉的同时，也深深地把企业的品牌根植在自己的脑子里。

第二，什么是感受？它是指消费者的感觉和情绪。一般来说，感性的描述更有利于调动用户的情绪。曾经有一名感性的文案人，给淘宝饰品小店写了22首创意诗。下面截取了其中的一部分小诗供大家参考。

爱丽舍
这是片乐土
这是块福地
从18世纪走来
幽静秀丽
大气开阔
处处是镀金的细木
目目是著名的油画
梦中的法兰西
大概就是这样吧
尊贵、优雅
奢华、辉煌

好时光
暖暖的太阳
懒懒的我们
坐在长凳上
思绪随风飘
看柳絮漫天

火红的壁炉

随性的我们

小酌一杯无

对饮不知味

只要我们在一起

怎样都是

好时光

瞳

漆黑的夜

周围什么都不见

只看得见你的眼瞳

里面光彩流转

像星星照进了人间

像天使不沾尘世的纷扰

像鬼魅深不见底的神秘

那是你的瞳

照进我的夜

铭心

像一阵春风洒落我心底

你的柔情蜜意

像一把利剑刻画到骨髓

你的决然离去

晶晶亮的你的眼眸

玫瑰色的你的身影

永远挥之不去

茵梦湖
轻轻地划向
那片深邃的幽静
静静地观赏
那水波的旖旎
暖暖的日出升腾起雾
世间的冰冷一瞬消融

水芙蓉
有一天
住在云上的仙子
来到人间游玩
她经过的地方暗香芬芳
空气干净清透
她走过的地方春回大地
开出步步莲花

朝露
迎着阳光
伴着鸟语
带着花香
晶莹剔透的你
宁静地落在这里
格调清新

容颜欢喜

你默默燃烧

这骤然将逝的生命

猎爱

像出巡的猎豹

狩猎彼此在今晚

笑意满满

气味暖暖

脑内啡急速窜动

两个猎人互打量

谁落入谁的手中

夜色结束前

猎爱的游戏不完结

注：小诗原作者：爱物笔记　来源：数英网

参考网页：https://www.digitaling.com/articles/28843.html

  这位心思细腻且才华横溢的文案人给每个小饰品都取了一个名字，并且分别给它们都作了一首意境优美的小诗，里面的"幽静秀丽""柳絮""阳光""鸟语""花香"等充满浪漫主义的词汇调动了用户的感知觉系统，用户读来很受感染。

  当然，调动用户情绪的方法有很多，除了上述感性化的语言，文案还可以用轻松幽默或者温暖亲切的语气和用户沟通。

  比如，美国一家美容院挂了一块广告牌："请不要同刚刚走出本院的女人调情，她或许就是你的外祖母。"

意大利一家法语学习班的招生广告说:"如果你听了一课之后发现不喜欢这门课程,那你可以要求退回你的费用,但必须用法语说。"

再比如,华为《ai在防水》的广告视频。画面显示的是一位消防员父亲在执行完任务后和女儿视频通话,女儿通过视频看见爸爸脸上的脏东西,天真地跑到水龙头前,隔着手机屏幕给爸爸"洗脸"。这样温情脉脉的画面真的是暖哭了很多人。

24小时营业的全家便利店,它的广告语是:全家就是你家。这样的文字是不是很亲切很随和,就像是一个老朋友在与客户交谈一样,一下子就打开了客户的心扉,客户的内心也会抑制不住地产生亲切感。

第三,什么是渴望?它是指消费者最想要的东西,也是他们内心想要达到的目标。

一般来说,消费者的内心需求分为表层需求、情感需求和自我实现的需求。

若是要挖掘和满足消费者表层的需求,文案推出产品的实用功能即可。比如,对于口渴的人来说,一瓶矿泉水就能解决,于是枫林山泉的广告语就是:"喝一口,爽一下。"

若是要满足消费者的情感需求,那么文案人就得先挖掘消费者精神层面的痛点在哪里,然后借助产品和服务的某方面特质来满足其对精神的诉求。

比如同样是矿泉水文案,有的消费者有解渴的需求,有的消费者则有"健康养生"的精神诉求,那么广告语就得写成这样的:"'饮'领时尚,×××,养生圣水;每天喝一点,健康多一点。"

如果要挖掘和满足消费者自我实现的需求,那么文案可以像安踏那则经典的广告一样,充分体现品牌的内涵,这样就能很好地和消费者自我实现的需求相契合。

我很平凡，没有过人的天分，没有命运的恩宠
现实总把我和理想隔开
世界不公平？
但我知道，有一个内在的我
不甘平庸，渴望自由，无所不能
我坚信只要执着和努力
总有一天
一个真正辉煌的我
会离我越来越近
让世界的不公平
在我面前低头
keep moving
永不止步

每个有梦想和追求的人都渴望自身的价值不断得到提升，于是安踏就利用这一段励志的话挖掘客户内心深层的需求。文案一旦精准地唤起了消费者内心的渴望，消费者自然会对品牌和产品留下深刻的印象。如果有这方面的购买需求，他第一个想到的就是该产品。

要点总结：

按照 BFD 理论，客户的核心情绪包括信念、感受、渴望。

感性、幽默、温和的话可以充分调动客户的感觉。

挖掘消费者的需求和渴望，可以从其表层需求、情感需求、自我实现的需求等三方面入手。

别克昂科威高销量背后的群像分析

在一次演讲中,中国互联网金融协会战略研究部负责人肖翔曾说过这样一句话:"从普惠金融供需两端的关系来看,关键点是投资者适当性问题,也就是要把合适的产品卖给合适的人。"其实这样的话不仅适用于金融领域,放在营销策划上也同样适用。

别克昂科威在做市场推广文案时,就是按照"把合适的产品卖给合适的人"这样的理念,才使得其销量在汽车市场上一路领跑。

据相关的数据显示,别克昂科威上市不到10天,销量就达到2900辆,上市第三个月,销量破万辆,上市6个月后,销量逼近5万辆。这样的战绩在SUV市场上可谓是一枝独秀。

任何成功都是有理由的。下面我们从文案的角度入手,一起来分析别克旗下这款新型车成功背后的原因吧。

我们知道别克旗下有很多车型,不同的车型对应的价格、功能和消费人群是各不相同的,所以各车型的推广文案也不尽相同。

就拿别克昂科威来说吧,这款全能中型SUV汽车价格定在二三十万元,这样的价格虽不是很贵,但也不算十分便宜。对于刚步入工作岗位的大学生或者受家庭所累且低收入的人群来讲,肯定是支付不起的。

因此,别克昂科威的营销团队在做文案策划的时候,把目标人群锁定在事业有成的男性朋友身上。这些人要么有自己的小事业,要么在公司里已经坐到中高层的领导位置了,所以手头比较宽裕,买这样一辆价位的车不成问题。

当然了,别克昂科威的文案策划团队除了分析目标人群的性别、职位、收入之外,还要掌握这群人的喜好、价值观和需求。

经过一段时间的调研,团队发现目标人群平时喜欢关注新闻,也爱浏览一些汽车和财经的网站,平时没事就跑跑步,运动运动,忙工作的时候还会隔三岔五地出差。可以说这些人很爱学习,经常关注新闻动态,很有上进心,他们之所以有这样的成绩,都是靠自己奋斗得到的。

这类经济实力较好的中层阶级,要是入手一辆新车,可能会更关注车的安全和舒适,最好是在价格差不多的情况下,性能比同类的车更好。

基于以上的群像分析,团队把文案的主题定位为"强大"。这个关键词一语双关,不仅体现了别克昂科威各方面的性能强大,而且还深度契合了目标人群的价值观。以下是文案文字部分的展示,我们一起来体会一下。

画面一:多 10% 精神
昂科威别克全能中型 SUV 强者,自强。

画面二:多 10% 艺术
设计美学和多功能性达到更高境界
4667mm 车身和 2750mm 轴距,彰显同级别领军车型的身份

画面三:多 10% 动力
面对挑战总能动力满满
更让性能与节能握手言和

画面四：多10%安全
全方位防护造就至高安全水准
不只化险为夷，更能防患未然

画面五：多10%智慧
科学武装自己，足智才能多谋

画面六：多10%享受
舒适座椅和灵活实用的空间
是成就驾乘享受的金科玉律

画面七：而唯一不多10%的，便是价格！
"神车终结者"起航，从此一发不可收

文案从"精神、艺术、动力、安全、智慧、享受、价格"七个维度说明了别克昂科威的"强大"，而前六个"多10%"的优势和后一个"不多10%"的价格形成鲜明的对比，很好地凸显了这款汽车的性能，也满足了目标客户追求性能更好的需求，因此这款车型一经面世就取得了很好的销售业绩。

之后的两年，别克昂科威在"强大"这一主题的基础上又做了延伸，前后推出了两个画面感超燃的电视广告。以下是这两个广告文案的文字部分的展示。

要走到哪一步，才算强大？
当同行的人越来越少，你会继续吗？
当所有努力只能换来一点点改变，你还会坚持吗？
从未质疑过自己的人，不会懂什么是强大。

强大，是看似微不足道之处的苦苦挣扎，
是对不完美的天生恐惧，
是对极限永远的怀疑。
真正的强大，是偏执，是叛逆，是欲望，
是为了每一毫米的改变，搏出全力。

没有人听得到，你上场前一秒的心跳。
没有人看得见，为了赢得一个简单肯定，你在内心否定过自己多少回。
再强大的人也会被超越，舒适圈里的每一秒都充满危险。
跨出去，
在黑暗深处，寻找新的光亮。
在与自己的较量中，掌控向前的力量。
你目光坚定，碾过脚下一切不确定。
强大没有终点，
它只在你永远向前的路上。
强大，是你觉得自己还不够强大。

从上面的这三则文案来看，别克昂科威一直是以一个奋斗者的姿态和目标人群沟通对话的，这些斗志昂扬的话也深深地说到了目标人群的心坎里，能够引起他们很强烈的共鸣。所以别克昂科威上市以来得到众多人的青睐，销量也一路遥遥领先。可以说，这款车型的畅销离不开这几个优质的广告文案，而这几个优质广告文案的成功又离不开最初策划营销人对于目标客户的群像分析。

要点总结：

对目标客户进行分析是文案成功与否的重要环节。分析目标客户可以从其性别、年龄、职业、收入、爱好、价值观、需求等方面着手。

寻找爆款文案选题的几个方法

从事文案策划的人都知道，一个优质的选题是一篇文案成功与否的关键所在。文案的选题若是出了偏差，那么整个文案的销售力就会严重削弱，无法起到它该起的作用。

那么该如何找到一个优质的选题呢？这是所有文案策划人员永恒的挑战。通常来说，头脑风暴是寻找选题的一个有效途径。

所谓头脑风暴就是指人的大脑进入自由想象和联想的模式，目的是通过想象和联想产生新观念或激发创新设想。若是一个文案策划部门人数较多的话，大家集体头脑风暴，这样可以集思广益，更快更准确地找到好的选题。

通常来说，进行头脑风暴的时候需要注意四个关键要点：

第一，思考核心问题是什么。

大家开展头脑风暴肯定会围绕一个核心问题展开，不可能是毫无头绪的遐想，否则这就是神游，而不是头脑风暴了。

第二，力争多人参与。

俗话说：一人拾柴火不旺，众人拾柴火焰高；一人难挑千斤担，众人能移万座山。在进行头脑风暴的时候，越多的人参与进来，就越容易获得更多、更有价值的信息。毕竟每个人都是独立的个体，人与人之间的想法、看法、思维、见识都不尽相同，所以一番头脑风暴后，大家相互交流肯定会有不一样的收获。

当然，为了提高效率，在进行头脑风暴的时候还应该控制好参与人数和时间。太多的人数和太长的时间反而不利于工作的展开。

第三，进行头脑风暴需要一定的规则。

在进行头脑风暴的时候，领导最好不要说太多的话，否则有些人可能会因为害怕和领导的观念相冲撞，而影响思维的发散。

当然，也有些员工私下里关系不和睦，在自由发表言论的时候很有可能"公报私仇"，排斥其他人的想法。为了避免这种情况出现，一开始就要制定规则，不允许参与者之间私下交流或者随意评论他人的观点。

只有这样，参与者才能畅所欲言，突破条条框框的限制，从不同的角度、不同的层面表达自己的观点。

第四，做好记录。

进行头脑风暴的时候大家各抒己见，畅所欲言，彼此交换着想法和见解，可是等头脑风暴结束之后，哪些观点互相重合，哪些想法没有实际的意见，哪些想法又很有前瞻性，哪些想法有参考的价值，要想厘清这些问题恐怕不是一件很容易的事情吧，毕竟发言的人多了，想法也多了，谁能在短时间内一个个都记下来呢？因此，实时做好会议笔记显得尤为重要。

把握好这四个关键要点，才会有一场高质量的头脑风暴，找选题的效率也会更高。

当然了，对于文案策划人员来讲，寻找选题除了进行头脑风暴，也可以借势热点，还可以从客户的痛点入手。

借助热点，策划选题。

热点事件具有很强的吸睛功效，可以帮助你带来很多的流量，所以资深的文案人都会利用热点来制造爆款文案。

不过追热点一定要注意时效性，一个好的热点要是追得迟了，该话题被过度消费，那就没有追的意义了。

一般来说，热点话题通常来自微博、百度、今日头条、知乎、网易新闻等平台。

1. 微博。

微博是热门话题的聚集地，打开微博，找到微博热搜榜，可以看见好多当时被炒得热气腾腾的话题，这些话题或出自知名的段子手博主，或出自一些主流的媒体博主，或出自资讯类视频博主。文案策划人可以多关注几个这样的博主，从他们身上找热点。

2. 百度。

打开浏览器，在搜索框内输入关键词"百度风云榜"，点击搜索，也可以找到很多各个领域的实时热点，文案策划人可以根据具体的工作内容酌情采用。

在百度的众多产品当中，"百度指数"也是一个非常有价值的工具。打开它，输入要查询的关键词，可以看到这个关键词在百度搜索引擎上搜索规模的大小，还可以帮你预测这个关键词在未来一段时间内热度的升降趋势。此外，搜索该关键词的人群属性和地域分布也显示得一清二楚。

另外，从知乎、今日头条、网易新闻等平台上，也可以获取最近的热点新闻。

获取热点新闻之后，要结合热点思考选题。若是获取的热点和营销的产品有一定的关联，那么策划选题的时候可以采用抛砖引玉的方法，先利用热点关键词把客户的注意力吸引过来，接着利用二者的关联性把真正要推广的内容植入进来。

若是推广的内容和热点关联性不大，那么需要借助联想和想象找到切入点。

挖掘客户痛点，策划选题。

在日常的工作和生活中，每个人都会遇到烦恼、痛苦和糟心的事情。

一个优质的文案策划人懂得利用客户的这些负面情绪策划选题。

那么,具体应该怎样利用客户的负面情绪,挖掘他们的痛点呢?

1. 定位人群画像。

对客户的人群画像分析得越清晰,越有利于策划出正确的选题。对于同一件产品,不同的群体关注的焦点各不相同。比如同样的一款女鞋,低收入的女性群体主要关注的是价格和质量,潮流女性关注的是鞋的款式和时尚元素,高收入的女性群体在乎的则是鞋的品质。

因此对于同样的群体,人群画像越具体,痛点挖掘得越精准。反之,若是选题涵盖的人群过于广泛,产品的描述就可能无法戳中用户的痛点,这种自说自话的选题势必不会引起用户的共鸣,转化率也会因此而无法得到提升。

2. 还原客户的生活场景。

要想精准挖掘客户的痛点,首先得深入了解客户生活的场景,和客户的内心对话,发现客户在各个生活节点中的痛苦、烦恼和纠结;然后结合产品,思考产品和客户的痛点之间存在哪些必要的关联;找到二者的关联之后,再以产品为出发点,构思选题,挖掘客户内在的购买动机。

比如,某公司推出一款全新的产品纳米防水喷雾剂,文案策划人员要想戳中客户痛点,激发客户购买的动机,首先就得深入客户的日常生活中了解情况,了解客户在各个生活节点中发生什么样的事情会用到防水喷雾剂这一产品。

经过一番细致的分析和思考之后,文案策划人员发现下面这三种生活情景中出现的糟心事会和产品产生关联:雨天走路淋湿鞋子;用餐时油渍污渍溅到衣服上;走在泥泞的道路,泥浆和污渍沾到鞋子和裤腿上。挖掘到客户这些痛点之后,文案策划人员就可以从产品出发,构思整个文案的选题方向,调整笔墨的着重点。

最后,当你提供的产品或服务使得客户的痛点降到最低或者消失的时候，那么你的文案转化率想不高都难。

要点总结：

策划爆款选题的三个有效途径：头脑风暴、借势热点、挖掘客户痛点。

第三章
标题的价值=整个广告预算的80%

做过文案的人,一定都懂得标题的重要性。好的标题是打开文案的敲门砖,如果没有这块敲门砖做牵引,即便你的文案内容写得再精彩,也无缘被用户所了解。

为了提高文案的阅读量,文案人在写标题的时候一定要根据产品的特征,写出吸睛的标题。通常来讲,文案的标题都有一定的写作套路,也有一定的禁忌和原则,如果你能精读本章的内容,掌握其中的写作要领,那么今后一定会摆脱写标题没有灵感的困扰。

为什么你绞尽脑汁,标题却差强人意?

标题是一篇文案的灵魂。一个好的标题可以迅速挑起客户的阅读欲望,一个差的标题则会白白浪费流量资源和支出的广告预算。

好标题和差标题究竟有什么样的区别呢?为什么有的人绞尽脑汁,历经数次修改,写出来的标题都无法得到领导的认可呢?对于一个文案功底比较弱的小白来讲,不妨从以下几点反思,看看自己是不是踩中了写标题的这几个雷区。

第一,内容平平,缺乏可读性。

在如今这个信息海啸的时代,客户的眼球每天都被成批的信息充斥着,在时间和精力有限的情况下,他们只会点击那些有意思的标题,而对于平铺直叙、毫无看点的标题,肯定会忽视。这样一来,你的正文内容就算写得再好,客户也不可能看。

因此,为了避免这种尴尬,文案人员在起标题的时候,一定要想方设法激发客户的好奇心,通过设置悬念的方式引起客户阅读的兴趣。

比如,某知识付费类的公众号标题是这样的:《"我,三流大学毕业,年薪66万"》。逆袭坐拥高薪是每个普通人的梦想,所以看到这样富有诱惑力的标题,谁不想点进去了解一下呢?

第二,没有价值感。

利益点是客户随时都在关注的一个问题。如果标题没有体现出你的产品或者服务能给他们带来哪些好处,相信他们的阅读兴趣会大打折扣。

反之，如果你的标题里包含一些帮助客户获取利益的方法，或者利益保证的字眼，再或者有打折促销的活动，那么客户看到实实在在的好处，也就不会觉得点击阅读全文是浪费时间了。

比如，《三个月狂甩56斤，47岁冻龄如20岁少女，这样做，让你越吃越瘦！》《半年写出5篇100万+，××公众号百万阅读量的文章写作方法论》《每天1G流量要吗？免费的那种！》。这样价值感十足的标题是不是看得很过瘾？仿佛只要看到了这样的标题，读了里面的文章，马上就有信心甩掉身上的56斤肉，马上就能变成写作大神一样。

第三，没有制造紧迫感。

有些折扣促销文案看似给客户让利很多，客户读完标题也能感觉到自己占了很大的便宜，但是他们并没有迫不及待地点击标题，阅读里面的内容，这是为什么呢？原因就在于你没有给他们制造一种紧迫感，没有让他们感觉到这样的好处会稍纵即逝，所以他们的注意力总会被其他更有吸引力的东西勾走。

但是，若你的标题写成这样：《2019流行春季女装新款韩版宽松百搭翻领格子长袖呢子外套女学生仅亏一天，明天原价售卖》，相信客户读完会立即点进去抢购，因为毕竟时间有限，错过今天以后再买的话会多掏很多钱。

给客户制造紧迫感的套路有两种：一种是时间紧张式，另一种是机会紧张式。比如，100份豪礼特价派送，前10名抢购还可以免费获得价值100元的学习资料。俗话说物以稀为贵，人们为了获得这10个有限的机会也会疯狂抢购的。

第四，不能有性别歧视。

文案的标题起得扎心是一件好事，因为它能深深地刺痛客户的痛点，引起客户的注意和反思。但若是标题在扎心的同时还会让人伤心，那么这个痛点营销就有点适得其反了。

比如，京东的美妆快递盒子上打出了这样一则标语："不涂口红的你，和男人有什么区别。"这句话看似戳中了女人的痛点，但是人们看了会非常愤怒，这样带有性别歧视的话既得罪了男人，也得罪了女人。最终，这次失败的文案营销事件以"京东在微博上道歉，并表示会补偿收到盒子的用户，未使用的29万多份盒子将会被销毁"作结。

第五，内容不能低俗。

低俗广告违背公序良俗，因此文案人在写作文案时要树立正确的价值观，传递正能量，拒绝低俗，这样你的文案之路才能走得更远。

第六，内容不能拗口难懂。

在浏览网页或者阅读报纸杂志的时候，人们会习惯性地对这些媒体上的广告部分绕道而行，有的时候即便一时兴起想看广告，也只是瞟一眼而已。所以好的标题内容绝对是简单易懂的，不会给客户制造任何阅读压力。倘若标题里有些生僻字，或者语句组织得特别拗口，不易理解，就更加无法俘获读者的关注了。

以上这些文案标题踩过的坑，希望大家看过之后都能绕道而行，否则就算你再怎么卖力地想标题，最后都会被毙掉的。

要点总结：

文案标题切忌：内容平平、没有价值感、没有制造紧迫感、性别歧视、内容低俗、拗口难懂。踩了这些雷区，做任何努力都是徒劳无功的。

使用这几个技巧可以让标题的点击率提高10倍

一个优质的标题,不仅仅意味着赢得客户的注意力,还要能够传达完整的信息,筛选读者,引导读者阅读文案的正文部分。要想尽可能多地实现这四个功能,标题写作就需要有一定的套路。正所谓"自古深情留不住,从来套路得人心"。文案标题运用一定的写作套路不仅能解决文案人思维枯竭、没有灵感的难题,更能有效地提高标题的点击率。

第一,修辞手法的运用。

有的时候,为了增强文案标题的可读性与趣味性,很多文案策划人会适当穿插一些比喻、比拟、对偶、双关等修辞手法。

1. 比喻。

所谓比喻指的是将具有相似之处的事物比作另一事物的修辞手法。具体运用到文案标题里,就是把某个产品或服务比作某个事物或者现象,然后用生动形象的语言描述出来。比如,以宝洁潘婷为例,有一则广告是讲潘婷是有营养的。广告文案是这样写的:"用潘婷洗发,就像给头发泡了牛奶浴。"这里的"牛奶"也就是我们一般消费者所能够理解的有营养的东西了。

比喻式的标题非常形象生动,能够以一种强大的吸引力促使客户完成点击和阅读。

2. 比拟。

拟人是指将事物比作人,对事物赋予其人格化。也可将人比作事物,使人物性化，称之为拟物。具体用到文案标题里，比拟就是将一个事物比作另外一个事物来表达的修辞手法。

比如，长城葡萄酒的广告文案标题是这样写的："三毫米的旅程，一颗好葡萄要走十年。"这是一种拟人的标题写法。再比如，江小白的广告宣传语："我们那些共同的记忆，是最好的下酒菜。"这是一种拟物式的标题。

3. 对偶。

对偶通常表现为：字数、结构一样；押韵、平仄一致。比如，招聘类文案的标题《广招天下之贤士，通揽中华之英才》。储蓄类文案标题这样写：《真山真水真州美，浓情浓意农商行》。这样的句式可以产生节奏感，也可以快速引起客户的注意，同时还方便客户记忆和传播。

4. 双关。

双关是广告标语中常用的一种修辞手法，具体是指标题中放一个双重意义的词汇。比如，中国平安保险公司的广告标语为"中国平安，平安中国"，这里的"平安"一语双关，既宣传了公司的品牌名称，又表达了对中国的美好祝愿。再比如，联想电脑公司的广告语是"人类失去联想，世界将会怎样？"这句广告语既包含了"联想"这一品牌形象，又将读者引入一种深沉的哲学思考当中。

这些修辞手法的运用给文案的标语营造了一定的氛围，形成了特定的语境，很大程度上赢得了客户的关注，起到了很好的传播效果。

第二，心理学的运用。

一个优秀的文案人不仅要有遣词造句的能力，还要对心理学有一定的了解。历来很多点击率高的文案标题都是利用人性和人的心理做文章。下面我们从几个角度了解心理学在文案标题中的运用。

1. 从众心理。

在讨论这个话题之前，我们先来看一个很有意思的视觉测试。测试的题目是这样的：一张图片上分别画着长短不一的四个线段。左边的标准线段和右边的 ABC 三个线段的其中一根长度相同。被测试者需要通过观察来判断右边的哪根和左边的一样长。

测试的结果是：第一个被测试的同学仔细看了左右两边的线段之后，郑重地说出了错误的答案，紧接着第二个、第三个、第四个被测试的同学都给出了和第一个同学同样错误的答案。这时最后一个被测试的同学显得焦虑不安，他在图片上看了又看，仔细地对左右两边的线段做了比对，最后他舍弃了心里的正确答案 C，给出了和前面的那几个被测试者相同的答案。

从图片来看，只要是视力正常的人都能明显地看出标准线段和 C 线段一样长，但是这次测试为什么所有人都出现这样错误的结果呢？原来前面所有的被测试者都是被安排的，故意说出错误的答案，只有最后一个是真实的被测试者，纵然他知道正确答案是哪个，但是迫于来自人群的心理压力，最终选择了从众。

所以，在文案标题里，大家也可以利用从众心理来诱导客户。比如香飘飘的广告文案："绕起来有地球十圈"；某减肥广告的标语："还有谁想跟她们一样 5 天瘦下 3 斤！"这些利用从众心理的文案标题可以给人一种很强的信任感，人们看到这样的标题很容易会受外界人群行为的影响，从而表现出和多数人一样的行为方式。

2. 权威心理。

在心理学中有这样一个名词：权威效应。它是指一个人要是地位高，有威信，受人敬重，那他所说的话及所做的事就容易引起他人重视，并让他人相信其正确性。

在文案策划中，权威心理的运用非常广泛。最常见的文案标题里经常抱名人大佬的腿，利用名人大佬对公众的权威影响力推广自己的产品。比如，聚美优品微信公众号文案标题《女明星体重大揭秘！杨幂的体重竟然是……》《张韶涵超爱的抗皱好物！用晚了后悔也来不及！》，某个关于国际学校的微信公众号标题《马云：国际化学校≠国际学校》。

明星本来就是眼球聚集器，而且明星的光环能使客户建立对产品和服务的信任度，因此，很多文案策划员所起的标题都有名人的影子。

当然，权威心理的应用不仅仅体现在明星效应上，还体现在专家效应和职位效应上。众所周知，业内的专家所发表的观点都具有很强的专业性，权威的机构和职位也具有很强的号召力，所以标题中如果放进去这些词汇，对于门外汉的听众而言将会产生一定的威慑力。

比如某微信公众号的文案标题《清华校长履新前最后演讲：平庸与卓越的差别》。清华学府对于普通的莘莘学子来说就是神一般的存在，清华校长更是中国顶尖的人才，所以借用这样一个权威身份对听众而言很有号召力和说服力。

再比如这两个文案标题：《腾讯人36张PPT生动阐释20年来中国互联网科技发展全貌》《阿里、小米投资人谈2015中国商业模式》。腾讯、阿里、小米都是业内的领跑者或者成功的典范，所以标题里出现这样具有权威性的机构，更容易引起用户的阅读兴趣。

最后要强调的是，文案标题在运用这些权威效应的时候，一定要把握好分寸，不能仅仅为吸引眼球而弄虚作假，因为标题党对用户的伤害很大。反过来，若是用户把对标题的厌恶之情转嫁到文案所要推广的产品和服务上，更是得不偿失。

3. 占便宜心理。

天下熙熙，皆为利来；天下攘攘，皆为利往。人们出于趋利避害的心理，无法对打折、优惠、让利等字眼视而不见。因此，基于这一人性的特点，文案人在策划标题的时候可以放进去一些限时促销、限量优惠的语言赚取流量。

示范标题：《创业背后有靠山，20万创业礼包等你拿》《不看损失一个亿！聚美 301 九周年大促隐藏福利！》《孕妈注意啦！！！四维彩超"0"元，产科优惠倒计时 2 天！》《早鸟优惠倒计时 0 天，错过就要多花 400 元！》这样的标题可以刺激人们产生一种抢到就是赚到的兴奋感，所以人们为了多占一点便宜，也会点进去一探究竟的。

4. 猎奇心理。

人们常说，老婆还是别人家的好。难道事实果真如此吗？其实也不尽然，存在这样的印象也许是男人的猎奇心理在作祟。男人与妻子朝夕相处久了，激情退却，熟悉得就如同左手与右手的关系一般，会慢慢淡忘妻子身上的优点，放大妻子的缺点，使缺点成为挥之不去的生活阴影。而因为不了解别人家的老婆，出于猎奇心理，所以觉得一切都是新奇的，都是好的。

其实猎奇心理不光是男人的专利，它是每个人都会有的一种心理活动，不管是谁或多或少都会受这种心理的掌控。所以优秀的文案策划人总是能优先洞察人们的猎奇心理，然后利用这一心理活动在标题里做文章。

比如，以色列航空公司有次在报纸上打了个广告，标题是："从 12 月 23 日起，大西洋将缩小 20%。"这样的标题无疑会吸引人们的眼球，细细读来，这则广告叙述的是喷气式飞机的投入使用，将使美国至伦敦的时间缩短 20%。

5. 恐惧心理。

王老吉凉茶在最开始做广告的时候，宣传文案写的是："上火，喝王老吉。"但是这样的推广文案砸下去之后没有溅起多少水花，因为上火的人并不是很多。后来经过修改，在这句的前面加了一个"怕"字，一下子就扩大了产品所覆盖的人群，同时也激起了人们的恐惧心理。

可以说，王老吉是借助人们的恐惧心理打开市场的。作为文案策划人员，也可以学习王老吉科学利用恐惧心理，勾起人们心中对安全的向往，进而把人们的视线引导到产品和服务上来。

案例示范：《离婚了，还有谁肯要40岁的你……最近都被这句话刷爆了！》这是一则推广音频课程的文案。要想让人们重视对课程的学习，首先就得用一句精准的话扎进人们的心窝，刺激人们痛点，使人们在恐惧心理的支配下选择认真听书，不断提升自己的气质和涵养，这样就不会沦为40岁就没有人要的悲惨境地。

6. 场景化的运用。

在给文案拟标题的时候，还需要遵循的一个原则：内容生活化、场景化。因为越是贴近大众的生活，越容易被大众所理解，越能激发大众的共鸣，若是反其道而行之，就会出现曲高和寡的尴尬。

"情景化标题"的特点是有画面感，它可以把受众带入具体的场景中，唤起他们内心深处的记忆，从而引发他们的关注。

示范标题：《最性感的画面，就是你吃饭翘起的嘴尖》。"翘起的嘴尖""吃饭"这些都是生活中出现频次相对高的画面，非常真实，非常具体，这样的画面描述很容易击中用户。

再比如，《那些年，被客户虐过的银行柜员》。虽然银行柜员每天朝九晚五，过着很多人都羡慕的生活，但是他们也有被虐得很惨的时候。看到这样的标题，平时服务各种客户时抓狂的情景就会被自动带入，因此银行柜员很有欲望读一读这样一篇为自己发声的文章。

7. 借势热点新闻。

热点新闻可以帮助文案实现快速传播，也可以帮助文案标题获得更多的点击率，所以很多人对于热点新闻的追踪乐此不疲。

比如，微信公众号年糕妈妈在《都挺好》这部剧全网热播、全民热议的时候，推出这样一则标题："《都挺好》：毁掉孩子一生！这样的爸爸比出轨更渣。"看过这个电视剧的人都知道苏家爸爸简直就是渣男里的战斗机,他自私冷漠懦弱,从来不愿意主动承担责任,更不会考虑孩子们的感受,一心只为自己着想。这样一个渣男成为了全民吐槽的焦点,这个标题也借助电视剧的热度狠狠地抨击了这种自私自利的人,表达了普通大众的心声,赢得了大家的好感和关注。

再比如,腾讯手机管家在国足以1∶0战胜了韩国队这个普天同庆的时刻,推出了一则海报:"守得住,才能赢得稳""有实力无所惧"。这样的广告标语既借势热点吸引了人们的眼球,又一语双关地推广了自己的品牌。

综上所述,提高标题点击率的写作技巧有很多,文案策划人员可以根据自己品牌、产品,以及受众群体的特点灵活运用。

要点总结:

要想成就一个点击率高的标题,文案策划人员可以恰当运用修辞手法(比喻、比拟、对偶、双关),也可以运用心理学的原理(从众、权威、占便宜、猎奇、恐惧),还可以借助场景化内容和热点新闻来吸引客户的眼球。

勤用这几个标题类型,让客户欲罢不能

《一个广告人的自白》的作者大卫·奥格威曾经说过:"标题在大部分的广告中都是最重要的元素,能够决定读者到底会不会看这则广告。一般来说,读标题的人比读内文的人多出 4 倍。换句话说,你所写的标题的价值将是整个广告预算的 80%。假如你的标题没有达到销售效果,那么你可

以说是浪费掉了客户 80% 的广告预算。"

由此可以看出,文案标题的价值有多大。为了使广告的支出得到最大的回报,文案策划人员可以学习下面这几个标题的写作类型,毕竟这些标题类型经得起时间和实践的检验,很多文案大佬利用它们创造出了数十亿美元的价值。

第一,委婉含蓄式标题。顾名思义,这类标题暗示性强,不会开门见山地做推销,而是先勾起客户的好奇心,引导客户点击进来,然后在正文部分才告诉客户他想知道的答案。

以某个英语培训的广告文案为例,它的标题是"一个愚蠢的举动,使我的英语成绩飙升……"乍看之下,这个标题像是在说使英语成绩快速提高的方法,但是具体方法是什么还看不出来。你只有继续往下读内文,才会找到真正详细具体的答案。这样的标题吊足了人的胃口,引导着客户一步步地点击正文,了解文案所要推广的产品或服务。

第二,开门见山式标题。这种标题很好理解,它不藏着掖着,直截了当地告诉客户我们正在做产品推广和宣传,客户也无须在文字游戏当中猜度商家的用意。例如,中国移动的广告标题"周三专属福利,10G 流量赶快来抢!"看到这样的标题,想必就知道这是移动公司在送流量福利了吧。这类标题简单直接,如果推广的产品优惠力度大的话,很容易吸引顾客上门。

第三,"如何"式标题。这类标题着重解决客户的问题,具有很强的实用性。比如,《如何养成一张干净的脸》《如何成为短线交易高手》,这类标题明显是给客户送干货,一个有用的建议,一个可行性的解决办法,也许就会解决客户在生活和工作中的烦恼,因此这类标题也很受欢迎。

第四,新知式标题。如果一个不为人知的新品刚刚面世,文案人也可以以新产品的相关信息作为标题的切入点,以此来给大家普及新知。现有商品的改良，或某个旧商品的新应用，都属于新知普及的范畴。例如这样的标题《至臻品质 驾享前程 解放 J6L 闪耀上市》《C-HR 欧泊银色闪耀上市》，就是新知式标题的典型代表。

第五，提问式标题。要想让这类标题获得可观的点击量，提出的问题一定要契合受众的心理需求，能激发他们关注的热情。例如《假体隆鼻到底需要多少钱？》《一个创业公司到底需要多少人？》这类标题紧扣受众本身的利益，关注他们想要的东西，而不是一味自顾自地询问客户有关产品的信息。比如《你知道这款新车什么时候上市吗？》这样的标题和客户没有一丁点关系，他们才不会把时间浪费在这上面呢！

第六，祈使式标题。这类标题用礼貌的态度和语言要求客户采取行动。比如美国柯达公司的广告："柯达公司诚意邀请您，一同步入 80 年代彩色世界。"专治小儿惊风药品的广告标题："正需要您的照顾。"

第七，证言式标题。这类标题利用客户的证言为自己的产品做推广，比如，"亲测：绝对堪称 2019《最快速有效的减肥指南》！""科技大 V 亲测！荣耀 Magic2 3D 感光版完胜苹果，买！"运用这类广告标语，就如同客户在帮你卖产品，具有很强的可信度。

第八，目标导向式标题。这类标题目标感很强，它可以引导读者阅读正文。示范标题：《富人家的孩子，都有这 8 个习惯！》《14 款好看又简单的扎发，学完了秒杀情敌》。

以上文案标题类型能够激发受众的阅读兴趣，且容易记忆，可供大家在没有灵感的时候借鉴。

要点总结：

常用的标题类型：委婉含蓄式、开门见山式、"如何"式、新知式、提问式、祈使式、证言式、目标导向式。

特殊字符在标题中的妙用

我们都知道标题是决定文案打开率和阅读量的关键因素。尤其是在这个互联网高度发达的时代,人们已经养成了碎片化阅读的习惯,直接导致文案策划人在写标题的时候更加压力山大。怎么样写标题更能吸引用户的眼球,什么样的标题可以在众多的竞争对手当中脱颖而出,这是文案策划人普遍焦虑的一个问题。

以下是一些特殊字符在标题中的使用,看完之后你或许会有更多写作的思路。

第一,数字。

众所周知,数字的运用可以给人一种形象具体的感觉,用在标题中可以增强内容的说服力,避免标题显得苍白空洞。另外,阿拉伯数字因为独特的外形,在众多的汉字标题中可以说是鹤立鸡群,一下子就能被识别出来。

此外,数字的特征之一是以结果为导向,它表示一件事情的结果,因此如果有好的成果,用数字表示非常合适。比如,《用了这瓶乳液,我变得年轻了很多》和《只用了1个月,这瓶乳液让我年轻了10岁》。这两个标题相比较,就精彩程度而言,后一个可以说完胜前一个。

在使用数字型标题的时候,大家可以从以下几个方面着手。

1.表时间。

顾名思义,它描述的是时间的长短,单位可以用年、月、天、小时、分、秒来表示。

关于"年"的示范标题：《2019年，这些人有福了！》《"我毕业3年，年薪100w"：赚钱，就是一种修行》《出道12年的女明星，竟然因为谈恋爱又翻红了？》。

关于"月"的示范标题：《5个月减掉60斤：你已经长大了，就不要再长胖了！》《3月必看大片来了，打败灭霸全靠她》《刷了1个月抖音才明白：拒绝新事物，是一个人废掉的开始》。

关于"天"的示范标题：《"产后5天，她选择了自杀"》《从"一身肥肉"到"八块腹肌"，他只用了100天》。

关于"小时"的示范标题：《我们都被"8小时睡眠论"给害了！》《每天睡6小时和8小时的区别，震惊了！》《凌晨12点说晚安的人，一定很爱你》。

关于"分"的示范标题：《"想做15分钟没人认识的人"》《8分钟短片，没一句台词，暖哭上亿人：人生实苦，但请你足够相信！》《不用5分钟，教你如何PS出一个漂亮的LOGO》。

关于"秒"的示范标题：《如何1秒激怒十二星座？》《这部45秒的短片，燃爆全国10000家影院！》。

2. 表数量。

它表示数字的多少，常用的数量单位和人、钱、物等有关。这种表数量的标题是最常见的。

关于"人"的示范标题：《又有140人集体告××！》《60多万人被骗700多亿！380多家网贷平台被封，100多位老板高管失联，内幕触目惊心！》《十人九痔！有痔疮的人，少吃7物，做好这3事，痔疮好得快》。

关于"钱"的示范标题：《满60元立减20元，这个春日小龙与你相聚星巴克！》《身高1米53的女神，用1000万征服朋友圈！》《月薪3000元，理发1000元，能接受！可这个不能接受，报警了》。

关于"物"的示范标题:《这3件事决定了你人生的高度》《一个女生越变越好的3种征兆》《自恋的14种高难度姿势》。

3. 表程度。

一般来说,事物发展的程度通常用百分比、倍数、频次、重量等表示。

关于"%"的示范标题:《铠:我30%减速,姜子牙:我90%减速,他:都垃圾!我200%》《"球鞋支出占全身90%"的观念是否已过时?》《我打赌98%的人想拥有它》。

关于"倍"的示范标题:《三级包、8倍镜为何被人人嫌弃?》《10倍变焦!OPPO发布拍照黑科技/5G手机 | 华为P30入网》《出道20年,收入翻了10000倍!他赚起钱来,流量明星都蒙了!》。

关于"频次"的示范标题:《我用24次离职,换来6条血一样的教训》《两集死八次,这女主也太惨了》《吃亏无数次后我终于懂了:5个简单易学的社交常识》

关于"重量"的示范标题:《90斤和120斤的女人,穿同一件衣服有什么区别?》《60斤重哈士奇跳楼把主人砸骨折!》《重量仅有450kg的奥迪赛车,竟还换上了摩托车发动机!》。

当产品或服务的卖点和数字有所关联的时候,大家不妨从上面的这三个角度思考,然后为自己的文案标题安上一个闪闪夺目的数字,这样更能把读者的注意力从别处抢夺过来。

第二,提问。

相比起平铺直叙,设置疑问更容易引起人们的好奇心,帮助文案人员带来更多的流量。通常情况下,标题中常用的三种形式分别是疑问、反问和设问。

1. 疑问句。

疑问句就是提问问题,没有答案。一般会和"为什么、是什么、什么体验、怎么做"关键词搭配。

关于"疑问"的示范标题：《如何学好中医经典？中医大咖"心法要诀"送上》《往脸上刷乳液、刷精华，那你刷过酸吗？》《如何避免早上起床时出现"猪头肿脸"？》。

2.反问句。

反问是站在用户的角度上思考，用疑问的句式，表达肯定的观点。通常和"难道、谁能、干什么呀、怎么能、不是……吗"等词汇搭配。

关于"反问"的示范标题：《难道是阴谋？这个民用设计居然魔改了35款"武器"！》《谁能想到春节第一炸竟然是它》《新的一年，男人怎么能再硬一回？》。

3.设问句。

设问句就是有问有答。它除了能引起人的关注，还能启发读者思考，也可以加强文案人员想表达的内容。

关于"设问"的示范标题：《"你会在意伴侣的家境吗？""当然在意！"》《从200斤到120斤我做了什么？跑步就够了》《月薪5000元照样能买10万元的车？看看就知道了》。

文案人员如果在写标题的时候无从下手，不妨以提问的方式作为出发点，相信上面的三种提问的形式可以帮助大家找到更多的写作灵感。

第三，字词的重复使用。

试想在一个标题里一个字或一个词汇连续多次出现是不是很显眼？比如"恒源洋，羊羊羊！"消费者看到这样的标题想不关注都难！

有人说："话说三遍淡如水，再说三遍打驴嘴。"但是也有人说："重要的事情说三遍！三遍！三遍！"有的时候重复多次可以带来意想不到的效果，就像上面的示范标题一样，这种字词的重复不仅不会惹得人们厌烦，反而显得活泼调皮，更能增加阅读的趣味。所以文案策划人员在着重强调的时候不妨使用这个技巧,相信会收获不少的流量。

第四,特殊词汇。

特殊词汇包括承诺的词汇、有力量的词汇和利益对比的词汇等。

1. 承诺的词汇。

对于消费者而言,很多时候并不是不需要某个产品或服务,也不是没有钱买不起某件产品,而是害怕花了钱买了没有保障的东西。所以出于客户安全心理的考量,文案人在起标题的时候不妨加一些承诺保障性的词汇,这样会帮助客户建立对产品的信赖感,也有利于促使客户点击标题,了解产品。

比如,《拒签退款!上海开口爱丁堡/伦敦,玩转英伦精华!旺季无忧小团促销》《【7天无条件退换】10月关爱女性月,退休俱乐部邀您试穿好看不勒胸的无钢圈内衣啦!》。当你打算出国旅游但是又担心因为拒签而使报团的费用打水漂,或者你担心花钱买回来的无钢圈内衣不舒服、不好看时,看到"拒签退款""7天无条件退换"这样的保障是不是安心踏实了很多?

2. 有力量的词汇。

强有力的词汇可以给人一种冲击力。比如《难以置信,这种VVVIP级的高奢SPA现在竟然不花钱?》《43岁"少女"震惊外媒:聪明的女人,都懂得这样经营自己》《超级抢购日 | Boom~爆款来袭!明日10点准时开抢!》《用它保养,省去10瓶素颜霜,皮肤好到惊人!》。这些有力量的词汇可以感染读者的情绪,让他们体会到产品或服务的独特性。

3. 利益对比的词汇。

人们在购物的时候都有货比三家的习惯,他们生怕买同样的东西,花的钱多了,或者害怕花了不少的钱买回来一个质量次的东西。基于客户利益对比心理,文案人在起标题的时候可以加入一些"VS""加量不加价""更"等词汇,让客户在利益对比中发现产品或服务的优势。

示范标题：《元气袁姗姗 VS 丧宅吴昕：你的习惯有多可怕？》《极试车 | 加量不加价，日产智联车机加身必须行！》《比起小猪佩奇，广东人更喜欢这只猪》。

关于特殊字符在标题里的运用大概就介绍到这里，如果大家在写标题的时候，想让标题的精彩程度更胜一筹，不妨试试上面提到的这几个技巧。

要点总结：

在写标题的时候，文案人可以把数字、问题、特殊字词等安插其中，这样也许会让标题更有可读性。

那些阅读10万+的文案标题

在这个流量即是王道的互联网时代，每个文案人为了争夺流量都铆足了劲在标题上下功夫，但是要写出 10 万 + 文案标题并不是一件容易的事情。大卫·奥格威说："阅读标题的人数是阅读正文人数的 5 倍。除非你的标题能帮助你出售自己的产品，否则你就浪费了 90% 的金钱。"一般而言，那些高质量的文案都有一套创造有效标题的公式，这套公式可以让读者在 1 秒内看到标题并且决定继续读下去。

如果你也想写出 10 万 + 的好标题，不妨学学 "4U" 标题写作公式，这个公式是美国广告界的传奇文案大师罗伯特·布莱在他的畅销书《文案创作完全手册》里提出来的。它们分别是 Urgent（紧迫感）、Unique（独特性）、Ultra-specific（明确具体）、Useful（实际益处）。

1. 紧迫感。

紧迫感等于是给读者一个立即采取行动的理由。例如，某个优惠或促销活动限时、限量、限身份，过了某个期限、卖完××的量、除了某些人，都无法享受这样的折扣。这样一写，人们为了省钱都会争先恐后地抢购。

示范标题：《限时！魔都开春第一波郁金香花海打卡地！不来你就后悔了！》《狂折＋赠送！新塘口碑爆棚日料店～神韵美醉的意境，为你省下去东京的飞机票！》。

再比如，《学习了××培训课程，在家就能月入过万》和《学习了××培训课程，三个月后就能让你月入过万》对比两则标题，显然后者更具有紧迫感，更能促使读者点击了解。

2. 独特性。

人们对以惯有的口吻描述某件事物司空见惯，内心不会掀起波澜，因此文案人在写标题的时候需要以全新的方式来表达。

比如，大家都知道吸烟有害身体健康，严重的话还有可能致癌，但是就算你写上一大堆吸烟的危害，人们也不会觉得害怕，有的人甚至看了以后会调侃："太吓人了，我赶紧抽支烟压压惊！"为了起到惊醒人的效果，有个经典广告这样写："癌症治愈烟瘾。"虽然是同一个意思，但是表达方式发生变化，其起到的冲击力和震撼力是"吸烟有损健康"之类的话无法比拟的。

3. 明确具体。

标题中若是涉及产品卖点，一定要把这些卖点写得明确具体，不可用一些感性的词把卖点模糊掉。比如，德芙巧克力的一则广告标语是"牛奶香浓，丝般感受"，它突出的是该品牌巧克力的香味和细腻的口感。再比如，美的空调的广告标语是"一夜一度电"，它突出的产品特征是省电。

上面这两则广告标语没有冗长繁杂的描述，只是简短的几个词就明确具体地写出了产品的卖点，非常便于人们记忆和传播。

4.实际益处。

好的标题会诉诸读者自身的利益，倘若不能给他们提供实实在在的好处，那么他们也许不会对你写的文案标题感兴趣。

比如，《这样做营销，春节期间销量肯定能翻10倍》《节省1400万小时！免除360亿押金！阿里的这项服务，超过2千万人都在用，你还在等什么？》。

上述两个标题，分别可以帮客户提高销量、节省时间，客户看到有利可图就会有行动的积极性。

了解了"4U"写作公式之后，大家在起标题的时候可以按照这样的思路来写。另外，你还可以把已经写完的标题按照"4U"标准衡量一番，看看你的标题是否具有独特性，是否明确具体地写出了产品的卖点，是否给客户制造了紧迫感，是否写出了客户想要的实际益处。如果标题满足其中的三项，说明这个标题写得还是挺好的；如果你的标题只满足了其中的一项，那么说明这是一个比较差的标题，还需要你花工夫再思考一番。

在强者眼中，没有最好，只有更好。就算是一个文案大神，他的标题也不是脑子里灵光一闪就确定了的，为了让标题尽可能达到理想化的状态，他们也会改上十来遍二十遍，有的甚至上百遍。所以，大家也应该本着这样的工匠精神耐心认真地对待标题。

要点总结：

那些阅读10万+的高质量文案标题都是在写作技巧的基础上再经过无数次的修改换来的。通常来讲，"4U"写作原则是检验标题好坏的重要标准。

第四章
爆款文案是语言的艺术

语言是文案的重要组成部分,而一个爆款的文案更是把语言的艺术玩到极致。当然,这里的极致并不是说文案的辞藻多么华丽、高雅,反之,好的文案语言一定是接地气的、具体化的,并且是与核心用户的价值观相契合的。如果文案在遣词造句中脱离了这些原则,那么文案的内容一定不会打动用户,当然随之而来的转化率也会令人堪忧。

文案抽象化=废话

创意广告公司 Crispin Porter+Bogusky(CP+B) 创始人亚历克斯·博古斯基说过，失败的广告往往是由于缺乏一种最基本的技能——找到准确的语言。这也就是说好的广告文案一定要具体化，而不能抽象化，否则客户无法通过感官去很好地认知某样东西。

比如某销售招聘广告的文案中有这样一句话："对电脑熟练操作。"乍一看好像没什么问题，这不就是对应聘者职业技能最基本的一个要求吗？普通的招聘广告都是这样写的呀。但是如果你再仔细想想，也许应聘者会对这样的话产生歧义：对电脑熟练操作是什么意思？熟练到哪种程度？我是不是还得会装系统，修复上面的漏洞啊？

看看，就这么简单的一句话就有可能使应聘者浮想联翩，充满焦虑感，其实应聘一个销售岗位只需要对 word、Excel、PPT、PS 等常见的办公软件熟练运用就好了。所以大多数情况下，抽象化的语言在文案中并不讨巧，起不到好的效果，只有具体化、场景化的文案内容才能很好地与客户沟通。

那么怎样才能使得文案具体化呢？以下是一些可行性的写作方法，可供大家参考。

第一，链接熟悉的事物。

抽象化的语言包含的内容比较宽泛，读者看了之后没有方向感，也不愿意对产品进行详细的了解。比如，"××储物架承重能力特别强"。这样的文案，客户看了一点感觉都没有，对于储物架到底能承受多大的重量也不得而知。所以最好改成："××储物架，可以同时站两个成年人。"这样一改，客户对这个架子的承重能力有了直观具体的感受，完全不用担心厨房的家用电器会把架子压垮，因此他会放心大胆地购买。

再比如，美国有家叫杰贝的婴儿速溶奶粉，他们的文案是这样的："酷似母乳。"此文案一出，它的销量在短时间就有了很大的提升。这是为什么呢？其实原因就在于它把该品牌奶粉的营养价值和人们心中认可的母乳相媲美，这个链接使人们对该奶粉的好感度和信赖感噌噌上涨。

第二，多用具象词汇，少用抽象词汇。

所谓的具象词汇就是在现实中有实象存在，代表着具体的形象；而抽象则是我们对某类事物共性的描述，没有实物与之对照。举例来说，升华、精神、聪明、快乐、在乎、奋斗、希望、重要、理论、积累等就是一些无形而看不见的抽象词汇。

一般来说，形容词是抽象词汇的典型代表，因此在描述产品的优势时需要尽量避开这些词。比如，那个姑娘的身材很迷人。"迷人"是形容词，它比较抽象，不同的人对迷人的理解也是不同的。但是如果把这句话改成"那个姑娘有纤细的腰肢，修长的美腿"，那么就会有一个具体的画面浮现在人们的脑海中。

由此可见，抽象化的词汇不是完全不可以用的，它和名词搭配能给人一种具体的画面感。比如"纤细的腰肢""修长的美腿"。"纤细"和"修长"都是形容词，而"腰肢"和"美腿"则是名词。

当然，能够给读者带来具体联想的还有很多动词。比如，《会飞翔的小汽车，据说只要二十万》《赵薇拉皮把眼睛拉飞了？！》（赵薇作为代言人在给Burberry拍时尚大片时，她的嘴角下垂，眼尾上扬，眉尾又向下勾勒，这成为很多人的槽点，新氧公众号推出了这样的标题）、《她画了个包子，温暖了全世界，还在奥斯卡拿了奖》。

上面这三个文案标题里都有动词（飞翔、拉、画），经过动词的勾勒可以让读者联想到具体的画面和情景。不过并非所有的动词都是具象化的词汇，所以大家在写文案的时候还得多阅读多体验，这样才能写出具体接地气的文案。

第三，数字也是一种具象化的表达方式。

数字用在广告文案中，可以加强文案的诉求力，使广告信息的传达明确、清晰。下面我们通过一段政府工作报告体会一下数字发挥的作用。

政府工作报告发布：2019年将实施更大规模的减税。普惠性减税与结构性减税并举，重点降低制造业和小微企业税收负担。深化增值税改革，将制造业等行业现行16%的税率降至13%，将交通运输业、建筑业等行业现行10%的税率降至9%，确保主要行业税负明显降低；保持6%一档的税率不变，但通过采取对生产、生活性服务业增加税收抵扣等配套措施，确保所有行业税负只减不增，继续向推进税率三档并两档、税制简化方向迈进。抓好年初出台的小微企业普惠性减税政策落实。

如果只是单纯地用文字表述增值税下调，人们不能具体地得知下调的力度，但是文中增加"16%的税率降至13%""10%的税率降至9%"这样数字化的描述，让人们对下调的税率有了更具体的了解。

作为一名文案人，要学会用具象化的数字描述产品，打动客户。比如香飘飘的奶茶广告："杯装奶茶开创者，连续六年销量领先。一年卖出7亿多杯，连起来可绕地球两圈。"为了突出奶茶销量高，直接用"7亿多杯""绕地球两圈"这样的数字给客户留下形象直观的印象。

加拿大著名作家布兰登·罗伊尔说过，写作应该精雕细琢，但这不是最重要的方面，是写作第二重要的任务，最重要的写作原则是让观点得到充分的论证，运用细节则使文章更可信、更难忘。这样的话对文案策划人而言同样受用,细节化的处理、形象化的描述、具体化的写作更容易激发人们的共鸣,受到人们的欢迎;而抽象化的语言会让文案失去读者青睐,最后进入自嗨的尴尬境地。

要点总结:

文案具体化的三个写作方法:链接熟悉的事物、多用具象词汇、运用数字。

不做作的文字更能直抵人心

2018年7月26日晚,拼多多在纽约上市。一时间,人们对于这个仅仅成立3年就获得3亿用户,市值达到200亿元的电商APP惊叹不已。在人们的印象中,拼多多因为低价劣质一直是众嘲的对象,但就是这个被人们嘲笑为"拼夕夕"的团购电商正在以一股不可小觑的力量崛起。而这个力量主要来源就是三四五线城市人群和村镇居民的购买力。

而且,据《经济学家》杂志预测,到2020年,中国66%的中等收入消费者将来自数量众多的低线级城市。

这一切都说明三四线城市居民和村镇的居民有改善生活品质的需求,有消费升级的潜力,并且他们的消费能力正在逐年提升。鹰目户外广告网外聘4A讲师在给鹰目人进行培训时说:"从某方面来说,三四线城市消费力比一二线城市更高,三四线城市对媒体的接受度、活跃度要更高。虽然,目前电视仍是三四线城市主流的媒体,但是户外媒体拥有广阔的发展前景。可以预见,未来三四线城市会是户外广告发展的重点区域,这与经济、消费的区域发展趋势是相一致的。"

所以从种种迹象来看，文案也一定要随着核心用户群体做一定的改变。文案写作不能端着，不能做作，接地气的写法才能写到这群核心用户的心里去。

下面是互联网界的各个大佬为了争夺这部分用户自降身段，推出的一些通俗易懂的文案。

百度：百度一下，你就知道！

京东：发家致富靠劳动，勤俭持家靠京东。

淘宝：物美价廉品种多，村淘到家便利多。

通信运营商接地气的广告如下。

移动：打外地长途想便宜吗？办亲情连线！漫游到外地想省钱吗？办两城一家！

中国移动信号好，话费精确错不了！

联通：0元月租0元接听，本地通话一毛钱，IP通话一毛五！

月租五元，市话一毛，长途两毛。

电信：高速宽带哪家强？选择电信没商量！出门手机，在家宽带。家里地里上网都快！

中国电信天翼手机，全国接听免费！

这些广告文案深谙老百姓经济状况和消费心理，所以用"0元月租""接听免费""便宜""省钱"等带有利益性的字眼刺激老百姓的眼球，而且口语化的文案让人一看就懂，很是接地气！

当然还有一些文案广告写得朗朗上口，便于人们识记！

喝金种子,过好日子。

老乡见老乡,购物去当当。

开上马自达,马上就发达。

还有一些广告则用一两句通俗的话简明扼要地突出产品的优势。

小米:小米手机就是快。

长安汽车:长安之星2代,大梁粗底盘硬,结实耐用。

美的:美的匀火电磁炉,怕煳底用匀火。

下面这些文案则是利用权威给老百姓吃了一颗定心丸。

加加酱油,国家免检产品。

葡诚水泥,世界品质。葡诚水泥是京沪高速铁路主供应商。

四季沐歌太阳能,中国驰名商标,中国航天专用产品。

当然,还有些广告文案善用人们的从众心理。

统一鲜橙多,果汁饮料市场销量,连续三年遥遥领先!

支付宝钱包,一亿人都在用。

咱们县80%的矿主都开上路虎车了。

还有"产品或服务的功能+品牌名称"的文案格式。

止血疗伤,云南白药。

治不孕，到现代女子医院。
结婚买三金，到爱恋珠宝。

还有些文案巧用价格分解法降低人们购买的压力。

太太乐鸡精，只要五分钱，鲜美一整天。
一晚低至一度电，美的变频空调，想开就开。
"中国名牌"海信冰箱，三天仅需一度电。

在接地气的广告文案中还有些比较俗的。

比如，韩国妹子脸一样，北京现代车不同。

某房地产的广告则显得更为低俗："一个叫作爱的香巢，男人都想多'一房'。"很多人看了纷纷表示：这个广告好低俗，不过我喜欢。这些广告文案为了吸引眼球，植入软色情的恶劣营销，给社会造成一定的不良影响，尤其是对孩子而言，就是一种精神鸦片。所以文案人一定要把握好分寸，不要把俗和低俗画上等号。

要点总结：

三四线城市居民和村镇人口已经演变成一股强大的消费群体，所以文案写手也应该顺应时代发展的趋势，根据这些核心群体的特殊性进行调整。一般来说，接地气的文案更能受到大家的欢迎。

"由不得你不信"的"西纳特拉测试"

在日常消费中,哪个牌子的产品值得信赖,其实大多数人第一次购买时心里是没有底的,做出什么样的选择很多时候都是根据父母家人、亲戚朋友的推荐决定的。

比如给宝宝买奶粉之前,妈妈会主动咨询周围认识的宝妈:"你家宝宝喝什么牌子的奶粉啊?上不上火啊?宝宝身体长得怎么样啊?"等集结了一大堆宝妈的真实反馈之后,妈妈才会正式锁定奶粉的品牌。

针对客户这样的心理,文案策划人可以借助外来力量创造信任。比如,印度顺丰物流(Safexpress)就是按照这样的套路打开市场的。众所周知,这个物流公司一直以更高效、更优质的服务优于其他的物流公司,但是印度企业并不能接受基于高效率基础上的高价格。

为了获取印度企业的信赖,打开印度市场,顺丰在文案中写了这样一句话:"《哈利·波特》第五部在印度的发行配送工作由 Safexpress 负责。"

这是一句很有力量的话,就因为这句话,顺丰物流在当地很快建立了知名度和信任感,之后市场开拓的难度也变小了很多。为什么会出现这样的情况呢?主要是因为顺丰物流毫无差池地完成了配送《哈利·波特》这项高难度的任务。大家都知道《哈利·波特》在当时火得一塌糊涂,第五部发行当日早上就得及时送到印度的各大书店。要说及时配送倒不是什么难事,但是难就难在配送时间卡得很微妙,不能太早也不能太晚,太早了书会提前开始卖,内容也会跟着早早曝光;太晚了,书店会失去先机,损失一大笔经济收入。

当人们知道顺丰能把这样高难度的配送工作搞定，那么其他任何的配送都不在话下。无论是安全性，还是及时性，顺丰都是值得信赖的。这一切也印证了美国流行歌手弗兰克·西纳特拉在经典名曲《纽约，纽约》里的一句歌词："如果我在这儿能成功，到哪儿都能成功。"

这正是后来有名的"西纳特拉测试"的来源。"西纳特拉测试"指的是如果某个例子足以在特定的领域建立可信度，那么它在任何领域都能建立可信度。

举例说明，鲁花花生油在广告文案里就有这样一句话："人民大会堂国宴用油。"试想这个品牌的花生油都出现在人民大会堂的国宴上了，老百姓还有什么理由不信任它呢？

不过也有人看到这样的广告语表示怀疑：这个鲁花花生油的广告语说的是事实吗？我凭什么相信它？为了加深读者对所举事例的信任度，大家在写文案的时候尽量做到以下几点。

第一，形象具体化。

一般来讲，形象具体的语言不容易引起人的怀疑。比如在现实生活中，有个熟人突然走过来问你昨天上午干什么去了，你如果回答"我打球去了"，可能没有那么高的可信度。但是如果你回答"吃完早饭，我和好朋友××约在学校的篮球场打球"，可信度明显提高了不少。所以大家在文案里若是加进去一些细节，客户的怀疑就会被打消。

第二，强化故事性。

人们对文案所举的事例表示质疑，大多是因为理性在支配他们的思维。如果文案能写得感性化一些，故事性强一点，那么故事所蕴含的情感就会进驻人们的内心，人们就没有多余的心思发出质疑的声音。下面我们以华芝士这篇经典文案举例说明一下。

因为我已经认识了你一生

因为一辆红色的 RUDGE 自行车曾经使我成为街上最幸福的男孩

因为你允许我在草坪上玩蟋蟀

因为你的支票本在我的支持下总是很忙碌

因为我们的房子里总是充满书和笑声

因为你付出无数个星期六的早晨来看一个小男孩玩橄榄球

因为你坐在桌前工作而我躺在床上睡觉的无数个夜晚

因为你从不谈论鸟类和蜜蜂来使我难堪

因为我知道你的皮夹中有一张褪了色的关于我获得奖学金的剪报

因为你总是让我把鞋跟擦得和鞋尖一样亮

因为你已经 38 次记住了我的生日，甚至比 38 次更多

因为我们见面时你依然拥抱我

因为你依然为妈妈买花

因为你有比实际年龄更多的白发，而我知道是谁帮助它们生长出来

因为你是一位了不起的爷爷

因为你让我的妻子感到她是这个家庭的一员

因为我上一次请你吃饭时你还是想去麦当劳

因为在我需要时，你总会在我的身边

因为你允许我犯自己的错误，而从没有一次说（让我告诉你怎么做）

因为你依然假装只在阅读时才需要眼镜

因为我没有像我应该的那样经常说谢谢你

因为今天是父亲节

因为假如你不值得送 CHIVAS REGAL 这样的礼物

还有谁值得

这是一篇关于 CHIVAS REGAL 的推广文案，但是它描写的都是一些

生活琐事，通过点滴琐事体现出一个男人对儿子和妻子的爱，最后文案借助浓浓的父子亲情巧妙地把要推广的产品植入进来。这个时候当人们再看到 CHIVAS REGAL，心里想的不再是这个产品到底值不值得购买，而是平凡而感人的父子和夫妻情。

第三，借助权威。

一般来说，人们对权威的人物、机构都有一种天然的信任感。如果文案里引进了一些权威的机构，那么大家对产品或品牌的信任感会更加牢固。就像上面鲁花花生油的文案一样，如果这个品牌的花生油并没有为人民大会堂国宴所用，那么这种与事实不符的吹嘘很容易被识破，接下来势必会给企业和品牌带来致命性的打击。试问哪个企业和品牌敢冒这样的风险？人们正是因为想到了这一点，所以才会对文案的内容深信不疑。

"西纳特拉测试"在文案中有着广泛的运用。如果你在写文案的时候觉得自己的语言苍白，无法唤起人们心底的信任，那么不妨把你的产品在某一领域取得的令人信服的成绩摆出来，这样产品在其他领域自然也会获得用户的信赖。

要点总结：

为了让文案获得最大的信任值，大家在运用"西纳特拉测试"的时候，尽量使所举事例形象具体化、感性化、权威化。

带有销罄体质的"房子小三"论

有人说,"没有世界观的文案,不是好文案"。这句话很有道理。如果文案只是为了推销产品或服务而堆砌出来的空洞文字,那么即使辞藻再华丽,也无法撼动人心。

反之,只有那些传递价值观的文案才能唤起用户的情感共鸣。例如,山东某三线城市的楼盘刚开始很难卖,后来由于一则三观很正的文案一下子就打开了销路。这则文案的内容是这样的:"房子是用来养家的,房子不是用来养小三的。"

这则文案很俗,很简单,但是它却能紧紧抓住很多已婚女性的心,直白地迎合了她们的世界观,所以这样的广告语在朋友圈一传十,十传百,起到了很好的推广效果。最后,整个楼盘用了三个月的时间就销罄了。

要想写出传递价值观的好文案,首先要洞察核心用户的需求,观察和了解他们在生活和工作中面临的矛盾,找寻他们内心深处的恐惧、渴求、信念、欲望等。只有掌握了这些,才能写出真正扎心的文案。

当然,真正有穿透力的文案,别看仅仅是几行简单的字,它凝聚的却是文案人底层的逻辑和长时间的知识积累。文案人只有有了丰富的知识积淀,才能对这个世界有通透的认知,才能借助文字把它们准确有力地传递出来。

比如,曾经有一款叫作 MINI CABRIO 的敞篷车,它的文案是这样写的:

纯氧伺候!

我不喂蚊子谁喂?

君子坦荡荡

日日暴,日日晒,来吧!

骄阳,我比它还老辣!

树叶,我胸膛的勋章!

我五行缺土。

蚊叮虫咬,就当免费针灸。

大家都知道敞篷车的优点是拉风、时尚,夏天还能享受兜风的舒适感。但是其缺点是缺乏私密性,并且周围没有遮挡,夏天会遭受蚊虫的叮咬,运气不好的时候还会遭受从天而降的鸟屎的袭击。

很多营销人对产品的优点大肆渲染,而对缺点则避重就轻。但是这则文案完全不同,它集中体现的大多都是关于这款敞篷车的劣势,这种坦坦荡荡、玩世不恭的态度体现了文案策划人豁达通透的处世理念。当然,这样敢于自黑自嘲的态度也深得很多用户的喜欢。

要点总结:

凭几句空洞的广告语不能获得用户的共鸣。文案真正的价值在于它能把握好核心用户的心理需求,并且准确有力地传递核心用户认可的价值观。

会说人话的椰汁可以收割戛纳银奖

在 2013 年,有一则椰汁的广告文案在众多的参赛作品中脱颖而出,成功斩获了戛纳银奖。这则广告文案的具体内容是这样的:

我们所含的天然营养能帮助消化,进而降低体重。但这不意味着你可以随心所欲地吃。举个例子,吉娃娃狗和陶器就不可以。我们竟然还需要做这样的警告,真令人失望。

我们能显著提升你的代谢。当然前提是你不是坐在那儿一动不动。除非你是个忍者,说真的,你是忍者吗?如果是,请在 Facebook 上加我们。

这则广告文案之所以能取得成功,很大程度上取决于对品牌人格化的运用。把品牌比作一个人,于是品牌就有了像人一样有趣、活泼、灵动的语言魅力。

《罗辑思维》的创始人罗振宇说:"互联网时代,特别是移动互联网时代,品牌是基于人格魅力带来的信任与爱!是品牌的去组织化和人格化!"

对于一个有血、有肉、有灵魂的人而言,冷冰冰的品牌无法触动他们的内心,但若赋予品牌以人格,让品牌会说话,说好话,无疑会让广告文案变得有温度,更容易接近人心。再进一步说,若是品牌的形象正好和用户的调性相吻合,那么就能很好地实现品牌与用户的有效沟通。

对于品牌人格化的实例,杜蕾斯是当仁不让的赢家。它通过一系列人格化的逗趣语言俘获了很多客户的芳心，抢占了大份额的安全套市场。

说到这儿，可能有的人要问了，既然品牌人格化有这么大的作用，怎么寻找品牌的人格呢？针对这个问题，以下是几点可行性的建议。

第一，以目标消费群体为依据。

品牌的人格形象不是文案策划人脑袋一拍，灵光乍现的产物，而是根据目标消费群体的理想人格塑造出来的。因为大家在选购产品的时候，在潜意识里会寻找与自身理想人格一致的产品。

比如，对于一个勇于追求梦想的人来说，他可能会选择"永不止步"的安踏；对于一个敢于挑战极限的人来说，他可能会选择"impossible is nothing"的阿迪达斯；对于一个行动力很强的人来说，可能他会更欣赏"Just do it"的耐克。

第二，与竞争对手的人格形象有所区别。

在产品同质化的今天，文案所赋予品牌的人格形象要尽量与同类竞争品牌的形象区别开来，这样才能给人们以耳目一新的感觉。

比如，美国运动品牌 UA 就不走寻常路，别的运动品牌请的都是形象高大的体育明星做代言，而 UA 请的代言人却是瘦弱、矮小的库里。如果说库里是 UA 的代言人，那么库里的人格就是 UA 品牌的人格。

大家都知道库里虽然没有先天的身高优势，但是他却凭借着自己的努力至今保持着别人望尘莫及的三分纪录。可以说库里的人格精神激励着千千万万普通的人，而起步较晚的 UA 也凭借着库里的人格，于 2015 年超过阿迪达斯成为美国本土第二大运动品牌。

第三，从用户的情感入手。

人都是情感动物，所以品牌可以以情感作为文案的切入点，戳中用户的软肋。就像 New Balance 574 那样，以《这是我们的原色》分别拍了男生篇和女生篇的微电影，该微电影的文案是这样写的：

男生篇

考试开始了

我们的人生也开始计分了

考试使我们的面貌越来越像

至少我看到的是这样

我不得不问

这考卷是谁出的?

是谁让我们的面貌变得一样?

我们只要坐在这里努力

就能通往更好的未来吗?

一样的面貌就是更好的未来吗?

我感到害怕

但当我这样害怕

我觉得我更勇敢

我站起来

我走出去

他们全都看着我

每一张面孔也许不尽相同

但一样诧异

我会成功吗?

我不知道

我够执着吗?

我不知道

我怕跌倒吗?

我不知道

我世故吗?

我不知道

我迷路了吗?

我会迷路吗?

我不知道

当他们用同样的面孔看着我

我只知道

我不要面对同样的答案

但迟早

我要面对同样的问题

青春的考场

在我们想逃开的每个地方

这是青春

本来的样子

这是我们的原色574

女生篇

我将要告诉你们一些灰暗的故事

毕竟

当我成为一名救护车上的急救员

我看见的故事

自然全是灰暗的

作为一个女生

我得向你坦诚

我最常被生命垂危的女生吸引

那些任由情感摆布

无计可施
最后选择伤害自己的
每个女生
你猜得到的
自怨自残
自我放弃的各种方式
我熟练地抢救她们
固定骨折部位
CPR
对大量失血的伤口加压
就像你现在看到的这样
但让我视线从来无法移开的
是她们年轻的脸
她们好年轻
就像是活在青春电影
或广告里的那种女生
多么难以想象成长的挫败
会降临在她们身上
她们天生有资本骄傲
她们本应注定是幸福的
所以我尽力去救她们
这些漂亮的傻女生
只要遇到我
便不曾有任何一位
失去她宝贵的、美丽的生命
直到那天

天气很糟

雨很大

她被抬上来时已奄奄一息

我知道什么样的人可以活下来

但看到她

我认为她根本没有存活的机会

我曾努力地抢救过每一个自己

但这一次

我想放弃了

我知道时候到了

再没有人打算眷顾这样的生命

我杀人了

我把自卑懦弱的我杀死了

那一瞬间

我突然清晰地感受到我活着

大口呼吸着

青春

不为别人而活

这是我们的原色

New balance 574

  文案看似在说考试和救人，但是它传递的是一种理念，表达的是年轻人的心声，所以这波情感营销很能打动人。另外，品牌所表达出来的人格化的特质也符合年轻用户的价值取向，可以说很对他们的胃口。当然，用户也会把对品牌的人格特质的喜爱慢慢转嫁到产品上来。

  就连现代营销大师菲利普·科特勒也直言不讳地指出："一个成功的

人格化的品牌形象就是其最好的公关,能够促使顾客与消费者的关系更加密切,使消费者对品牌及其内在文化的感情逐渐加深。最终,品牌在消费者心中的形象,已经不仅仅是一个产品,而渐渐演变成了一个形象丰满的人,甚至拥有自己的形象、个性、气质、文化内涵。"

要点总结:

将品牌人格化可以让文案的语言更有魅力,也可以传递某些符合用户价值的理念,以此收获用户的喜爱和忠诚。

第五章
高颜值的文案长什么样子

　　当今社会,很多人都在追求美的路上乐此不疲。当然,文案人也不能例外。如果文案没有高颜值,不能给用户留下舒服愉快的阅读体验,那么他们很快会把目光移开,因此也根本没有机会了解你的文案所要表达的内容。

　　所以一个聪明的文案人会特别在意文案的表现形式,也会精心搭配好文案的色彩,还会设计一个特别吸睛的版面,从而给用户完美的视觉体验。

文案的三个表现形式

随着新媒体时代的到来，文案的表现形式越来越多样化。通常来讲，文字、图片、视频是比较常见的三种。至于哪种表现形式比较好，还没有统一的定论。三种表现形式各有利弊，文案到底应该选用哪种表现形式，完全是根据当时的实际情况而定的。下面我们根据不同的宣传渠道一起了解一下文案的多种表现形式。

第一，户外广告。

它泛指基于广告或宣传目的而设置的户外广告物，常出现在交通流量较高的地区。主要包括地铁广告、公交广告、牌匾广告、墙体广告、楼体广告、路旗广告、高炮（广告术语之一，一种广告牌因为结构有一根很粗的钢管立柱伸向天空，形状像高射炮，所以业内人士简称高炮。它一般出现在高速公路、城市公路、立交桥等主要路段）等。

这些户外广告的牌面上主要是以图形+文字或者纯文字的形式出现。而有些楼宇地铁、公交上则有LED大型屏幕，里面主要以视频的形式体现广告的素材。

在写户外广告时，一般一个画面里有8到10个字就可以，因为人们大多是流动的，有的步行，有的开车，他们的视线停留在广告画面上最多只有7秒，所以广告所提供的信息最好简短一些。

广告的文字部分可以介绍公司名称或品牌的LOGO，让人们知道你是谁。另外，广告标语是非常重要的部分，标语里要包含你的产品或服务，产品或服务有哪些优势，能给人们带来哪些利益，一定要写清楚。当然，在写清楚的基础上，还要保证文字简短、易懂，且便于记忆传播。最后，还可以写电话号码、网址或地址，以便后续与客户产生联系。

在关注完文字部分的内容之后，还要注意文字的尺寸。一般来说，为了有好的广告效果，主要文字应该达到90厘米左右的高度，其余副本最少也得60厘米左右，否则字太小可能无法进入人们的视线，不便于阅读。

若是广告文案上除了文字，还有图片，就要保证图片足够醒目，尺寸足够大。而且人们移动的速度越快，尺寸应该越大。

最后要跟大家强调一点，这些户外广告非常醒目，路过的人很难忽视它的存在，不过它的缺点是传播受限，只有路过的人才能看到。

第二，户内广告。

相对于户外广告而言，户内广告的空间比较封闭一些。主要广泛用于商场、超市、会议厅等公共室内场所。

写户内的广告文案要以核心用户的需求、身份作为依据。内容要真实可信，主题明确、简单易懂，并且还需要有一定的吸引力，否则无法博得客户的关注。

至于广告文案选择哪些表现形式，还是要根据需要推广的产品属性、自身的广告预算及传达媒介而定。

除了以上两种宣传途径，我们再以朋友圈的文案为例来简单说说其多种多样的表现形式。

第一，文字+图片（视频）+详情页。

这类广告文案文字大多高度凝练，字数非常少（三四行字）。图片非常清晰，视频也很简短。不过它们非常有诱惑力，总是能想方设法勾走你的注意力。比如一个叫"猿辅导"的在线辅导平台，它的文字部分是这样写的：

秘密。

我家小孩的数学老师,清华的。

他只让孩子这样练。

79元7小时,限50人!

"秘密"二字勾起了人们的好奇心,让大家产生了一探究竟的欲望;"清华"二字则是利用权威的力量增加人们的信赖感;"他只让孩子这样练"则又给人们留下悬念,清华的老师究竟怎样教孩子呢?它没有具体交代,这给后面"查看详情"制造了机会;最后"79元7小时"表明了他们的课程性价比非常高,不但有清华老师,而且价格一点也不贵。当然了还有"限50人",临门一脚,给了人们一个立即支付的理由。

这个文案的文字部分简短又有吸引力,既没有浪费大家太多的时间,还成功地激发了人们的购买欲。至于图片部分,则放了一张漂亮妈妈和乖巧女儿的照片。

画面非常简短,既贴上了适合的人群标签,又没有多余复杂的画面和场景增加人的阅读压力,让人看起来非常舒服。因此这样的朋友圈文案非常值得大家借鉴。

第二,文字+图片或者文字+视频。

朋友圈作为当下最火热的社交平台,当然少不了微商的身影。他们大多以文字和图片的形式诱导客户。比如某减肥产品的文案是这样写的:

3月8日你好

如果你是胖子就叫妇女节

如果你是瘦子就叫女神节

再比如，下面这个文案。

初春上新，比买不起更闹心的是穿不上。

这样扎心的文字再配上一幅客户买衣服时竭尽全力收腹的图片，一下子就戳到了肥胖者的痛点上，所以不得不承认这是一则很成功的文案。

还有一部分文案是以文字和视频的形式出现的。视频里介绍的是关于产品的使用过程、效果、实验，以及客户的反馈等。文字部分则是对视频的简单说明。

当然，文案推广的手段和途径还有很多，在这里我们就不一一详细列举了。

要点总结：

文案的表现形式主要有图片、文字、视频。选择什么样的表现形式主要还是根据推广的渠道、广告预算、产品属性、核心用户等众多因素共同决定。

这几个另类的色彩搭配请你绕道

好的文案策划人员不仅仅是营销师，还是心理学家，更是懂得色彩搭配的设计师。大家都知道好的色彩搭配可以给读者带来愉悦的感受，而差的色彩搭配则会给读者留下很糟糕的印象，就连品牌和产品的形象也会受到牵连。因此，大家不可忽视色彩搭配在文案策划中的重要性。

以下的一些错误搭配是高颜值文案中的致命杀手，大家一定要绕道而行。

第一，对比度低。

在文案的版面设计中，色彩对比是非常重要的一个方面。在同一张背景中，对比度高的版面远远比对比度低的版面更能吸引人的注意。

所以在版面设计的时候，为了让读者有愉悦的阅读感受，文案人一定要合理安排好视觉层次结构，从而给人们呈现出可视性强的文案。

第二，随意混搭。

在如今这个追求个性的时代，混搭似乎成为很多人日常穿衣打扮中不可缺少的一个部分。不过作为文案策划人员的你一定不要轻易尝试这样的混搭，如果没有深厚的设计底蕴与实力，很容易让自己陷入东施效颦的尴尬境地。不出彩的色彩混搭效果会给用户造成混乱的视觉体验，从而影响文案营销的效果。

第三，文案配色不和谐。

为了给用户舒适的阅读体验，大家在色彩搭配的时候要尽量保证整体视觉体验的统一性。图片背景色、图片的文字与整体色调不和谐，很容易分散用户的注意力。一般来说，文案设计的背景色多为纯色，而产品本身和文案的文字部分的颜色与背景色差异较大一些，比较容易凸显主题。

总的来说，色彩搭配关系到文案的颜值，也关系到用户的阅读体验，因此大家不可忽视它的重要性。以下是一些基本的色彩搭配知识，希望对大家今后的文案创作有所帮助。

● 白色、黑色，以及由两种颜色混合而成的不同等级的灰色，可以给人一种大方、高雅、庄重的感觉，这种单调的素净感很适合一些国际大牌的产品使用，可以很好地阐述产品的内在价值。

● 青色、蓝色、紫色，以及由它们构成的色调，属于冷色调，通常给人一种清凉舒爽的感觉，往往用在夏天的冷饮广告文案中。

- 橘红色、黄色，以及红色一端的色系，总是给人一种温暖、热烈的感觉，因此属于暖色调，在产品促销的时候，很多宣传文案都用这种暖色系给活动造势。
- 金色和银色是高贵的象征，广告文案中通常用这两种华丽的颜色体现产品的豪华和档次。
- 深色代表着雍容和典雅，一般房地产广告喜欢用这样的颜色做背景，以此体现某公馆、别墅的奢华高档。
- 红色、橘色给人一种甜甜的、美味的感觉；浅绿色或者黄绿色则给人一种酸酸的感觉。文案人在利用色彩体现食物的味道时可酌情选择。
- 暖色系及明度和纯度高的色彩可以给人强烈的感觉刺激，能吸引读者的注意力。
- 鲜红色和橙色可以给人带来愉快、活泼、舒适的感觉，可以用来做化妆品文案的底色。

关于文案颜色的搭配还有很多值得探索的方案。大家在设计文案的时候，要留意色彩所赋予文案的情感，以及色彩对产品形象的影响。

要点总结：

一个高颜色的文案背后一定有一个善于搭配色彩的文案人。好的文案策划员不仅仅是营销大师，而且还是充满艺术细胞的色彩操盘手。

安利几个吸睛的版面设计要点

一个优质的文案不光要有吸引人的文字描述,更要有简洁清爽的版面设计。要是忽略了文案的视觉元素,那么就会给客户很差的阅读体验,也无法牢牢抓住客户的注意力。

一般来说,文案的版面设计包括以下几个方面。

第一,文案的标题要用粗体大字。

大家都知道好的标题是吸引客户注意力的关键所在。所以在文案中,一定要把标题设计得醒目一点。通常来说,把标题加粗放大可以更好地吸引人们的眼球。但是最好不要把它设计成斜体字,因为斜体字很容易使人产生眩晕的感觉。不管是标题还是正文,都不适合用斜体字。

第二,正文字体不宜过小。

虽然说文案正文部分的字体要比标题的字体小,但是也不能把它设计得太小,太小的字体读来很费眼睛,会严重影响到文案的易读性。

第三,段落之间需有留白。

留白是文案排版中很常见的一种形式。不管是字间距和行间距之间,抑或是文字和图片之间,再或者是文字加背景之间,都需要有一定的留白。若是没有留白,就显得很拥挤,有碍观感,文案的视觉效果也会大打折扣。

此外,留白的部分要恰到好处,留白过多会显得文案空荡荡的,不能很好地凸显主题,留白过少则会让画面显得很拥挤小气。

第四，单一的视觉中心。

什么是"视觉中心"呢？这个概念一般出现于视觉艺术类的领域中，而且有两种不同的理解。

一方面是指平面艺术（如绘画）中的主体，比如达·芬奇的《最后的晚餐》中的主体耶稣。这里的视觉中心的含义是指，在画面中，以构图、色彩等画面元素所表现出来的画面的主要元素。

另一方面是指人的视野在一个平面中的中心点，和这个视觉中心相对应的还有一个概念，就是物理中心。通常，人的视觉中心会在物理中心的偏上方。

在文案里，要想让视觉中心单一化，就得去掉四周多余的装饰元素，否则这些可有可无的元素会影响文案主题的凸显。

第五，把长段落拆分成几个简短的部分。

相信大家在平时的阅读过程中都喜欢看清晰易读的文字，若是黑压压一大段文字砸过来，每个人都会产生阅读压力，而且读着读着就会失去耐心。所以将心比心，在文案排版的时候，不能把洋洋洒洒的大段文字直接丢给读者，而要自动拆分成多个易读的短句。

一般长句和短句错落不但利于读者阅读理解，更能给读者带来参差错落的美感。

第六，文案的开头部分不要冗长。

文案的开头是一个非常关键的地方，它决定着整篇文案的读完率。通常来说，开头的内容不仅要写得引人注目，而且还要把控好字数。一大块的文字段落会给读者带来不悦感，所以开头的段落最好不要超过三行字。

第七，文案的版面设计不宜复杂。

中国有句古话，贪多嚼不烂，吃快弄破碗。文案的版面设计若是包含了太多的元素，客户会看得头痛。一般来说，版面里只需放进去标题、图片、正文、公司 LOGO 即可。当然，这不是固定不变的，如果有宣传需要，也可酌情增加一定的其他内容。

第八，文案印刷遵守易读的原则。

通常来说，文案版面都是白底黑字。若是文字印刷在彩色的背景之上，一定要保证文字的颜色和背景颜色有很强的对比度，否则读者无法看清文案所要表达的内容。

总之，排版也是文案设计中非常重要的一环。若是这一环搞砸了，那么文案的销售力度就会大大削弱。

要点总结：

文案在排版的时候一定要注意字体的大小粗细、段落的长短、主题的表现及版面的观感。只有好的内容加上好的排版设计，才能让文案如虎添翼，收获更多的订单。

电视广告：如何打造完美的视听效果

电视广告，顾名思义就是通过电视传播的一种广告形式。这种广告形式最主要的特点就是视听合一，它可以通过生动形象的画面、合乎情景的音乐，给受众群体带来多方位的感官刺激。所以这种动态的广告形式是印刷广告、直邮广告等无法比拟的。

不过电视广告也有它的弊端，由于受时间的限制，它传播的信息有限，不像平面广告、宣传册那样有足够的空间容纳产品的细节说明，因此，大家在制作电视广告的时候一定要权衡好各个方面的问题，否则会影响广告的视听效果。

第一，广告的时长。

一般来说，电视广告的时长分别为 10 秒、30 秒、60 秒、120 秒。到底选择多长时间合适呢？这得根据推广的产品内容和公司的预算而定。若推广的是上市的新品，那么提高产品的知名度可能只需要 10 秒的时间。但是若要推广一个功能比较强的产品，可能会花费比较长的时间做详细的介绍。当然了，如果是故事性比较强的广告，可能会花费更多的时间。

第二，画面最好能全面传递出产品的信息。

如果形容一个人言辞精妙、不可更改，通常会用"片言抵万贯""一字值千金"。如果形容一个电视广告的画面用语言无法描述，大概可以说"一图值千言"。好的电视广告只需用画面就能充分调动受众群体的视、听、触、味等各个感觉器官，让客户对产品留下非常好的整体印象。当然，要做到这一步并非一件容易的事情，广告文案策划人可以把这当作一个长期奋斗的目标。

第三，广告声音的配合。

电视广告的声音作用是解释补充画面的内容。当然，也有的音乐声音加进去是为了凸显主题的。比如，步步高音乐手机的广告之所以给人留下深刻的印象，除了画面里的人美、景美，更重要的还有一首非常细腻唯美的伴乐。这个伴乐选得非常应景，优雅的音乐和温馨浪漫的画面相结合，不由得让人心旷神怡，精神愉悦。当然这种和谐的融合更能体现步步高音乐手机的音质之美。

第四，广告词汇精简化。

一般来说，普通大众对于广告都没有太多的好感，尤其是在追剧追到最精彩之处，突然插播一条广告心情会非常糟糕。他们可能会有意无意地瞥上一两眼，注意力也只能维持十来秒二十秒。针对这种情况，文案策划人员在做产品介绍的时候尽量不要用大量的词汇,文字部分不是越多越好,保证广告的视觉效果非常重要。

通常来说,广告中的画面和文字应该呈现出此消彼长的关系:画面复杂的时候,文字尽量简短一点;文字较多的话,画面最好简单一点。反之,如果呈现一个多文字、复杂画面的视觉设计,受众可能会看得目不暇接,找不到关注的重点。

第五,保证广告内容的吸引力。

一个好的电视广告可以有幽默感,可以有娱乐性,可以有故事性,也可以有打动人心的情感,但就是不能有尿点。如果连短短的几十秒钟都吸引不了客户,那么这个广告就失去了推广的意义。

第六,巧用字幕。

字幕也是电视广告中不可缺少的一部分。广告字幕可以丰富受众的视觉感官,直观地传递给受众产品的卖点,还能对电视广告起到画龙点睛的作用。比如,品牌耐克的"Just do it"、阿迪达斯的"impossible is nothing"、李宁的"一切皆有可能",都是以字幕加旁白的形式出现的,这些字幕出现在画面的最后,既能凸显主题,又能强化受众对品牌的印象。

第七,多次重复产品名称和卖点。

因为电视广告的时长有限,而受众又没有过目不忘的本领,所以很多品牌商为了让产品能在人们心目中留下深刻的印象,会选择在有限的时间内多次重复出现产品的名称和卖点。比如知乎的一则电视广告,它的代言人刘昊然的台词是这样的:"你知道吗?你真的知道吗?你确定你知道吗?你真的确定你知道吗?有问题上知乎,上知乎,问知乎,答知乎,看知乎,搜知乎,刷知乎。有问题,上知乎。知乎,发现更大的世界。"

第八,必要的时候交代店址和电话。

有的餐馆小吃或者百货商场为了提高销量,会在当地的电视台做广告,给自己的产品或者服务做宣传。碰到这样的情况,一定要在广告画面里添加店面的地址和联系电话,要不然人们看了广告,即使想去,也找不到门路。

总的来说,电视广告是一个耗资巨大的推广项目。对于文案策划人员来讲,一定要处理好牵涉其中的各个要素,否则一个不和谐的广告画面是无法完成品牌和产品的推广宣传任务的。

要点总结:

在写电视广告脚本的时候,一定要先分析研究相关的资料,确定产品的卖点和广告所要表现的主题,然后再按照构思的形象将视觉元素和听觉元素和谐巧妙地融合在一起。

优秀的文案不仅仅有一副好看的皮囊

好的爱情始于颜值,陷于才华,忠于人品。好的文案也是这样,人们往往会因为它的高颜值而关注它,但是如果它的内容华而不实,就很难给读者留下深刻的印象。

那么一个优秀的文案除了好看的皮囊,如何铸造一个有趣的"灵魂"呢?以下是几点可行性的建议。

第一,有趣的广告标语。

幽默和欢乐是人人都喜欢的。一个幽默有趣味的广告,一定会受到大家的欢迎。

比如,某汽车陈列室广告:"永远要让驾驶执照比你自己先到期。"

某化妆品广告:"尽快下'斑',请勿'痘'留。"

某印刷公司广告:"除钞票外,承印一切。"

某招聘广告:"招聘女秘书,长相像妙龄少女,思考像成年男子,处事像成熟的女士,工作起来像一头驴子!"

试问,谁看完这样有趣的广告语不会心情愉悦,不会在心里多回味几遍呢?

第二,打造一个好的品牌故事。

每个品牌都应该拥有一个属于自己的品牌故事。好的品牌故事可以经过人们口耳相传发挥巨大的宣传威力。以下是卡士牛奶的品牌故事案例:

十八世纪。欧洲

当天边出现第一丝亮光

一辆马士提夫犬的送奶车便踏着晨曦出发了

穿过树林,踏过绿地

载着浓郁爽滑的鲜牛奶

将高山牧场的清新气息送至每一位贵府官邸

随后,爵爷和夫人们快乐、优雅的一天

就在浓浓的奶香中悠然开始

这则品牌故事虽然简短,但是它却把该品牌的历史、产地、极致服务、高端的客户描述得清清楚楚。透过这则凝练的品牌故事,我们还能体会到蕴含于品牌中的精神和性格。当然,也正是因为这种精神和灵性,才把品牌和消费者紧紧地连接在一起。

第三,扎心文案很受用。

凡尘俗事,饮食男女谁都逃不过感情的羁绊。若你的文案能够紧紧围绕客户的情感展开,并且写出一些扎心的文字,那么你的产品和品牌就一定会走进客户的内心。

比如，方太蒸箱广告："改不了加班的命，要善待加班的胃。"
父亲节泸州老窖微电影："别把酒留在杯里，别把话放在心里。"
Keep 广告："哪有什么天生如此，只是我们天天坚持。"
江小白广告："你懂得越多，能懂你的就越少。"
APP「回家吃饭」的外卖单："家在哪里，胃最知道。"

看到这些广告是不是很窝心，客户看到这样的话，不禁会在心里反问一句：这说的不就是我吗？××品牌真的是太懂我了！

第四，适当释放一些负能量。

当人们目之所及都是积极向上的正能量时，你猝不及防地来一句很丧的文案，也许能一石激起千层浪呢！日本 UCC 咖啡、丧茶、没希望酸奶等这些负能量 IP 持续走红就是最好的证明。

日本 UCC 咖啡：没有人能让你放弃梦想，你自己想想就会放弃了。

丧茶：享受生活中的丧的气息

碌碌无为红茶	18 元
浪费生命绿茶	19 元
混吃等死奶绿	21 元
买不起房玛奇朵	23 元
减肥失败拿铁	25 元
升职无望养乐多绿茶	19 元
前男友比你过得好果茶	22 元
前女友嫁了富二代果汁	23 元

没希望酸奶：女朋友说，你是你朋友中技术最好的。扎心了！

这样思路清奇的文案是不是更能引起人们的共鸣？其实这些负能量反映的是年轻人真实无奈的生活，戳痛的是他们隐藏的内心，所以这种自嘲式的文案出现在大家眼前，才能引起广泛的传播。

漂亮的文案不仅有高的颜值，更有深的内涵。愿每一个文案人都能潜心钻研，写出高质量的文案内容，这样客户才会有拍照分享、乐于传播的驱动力。

要点总结：

如果想让你的文案有一个有趣的"灵魂"，那么不妨把你的文案写得有趣有料、扎心走心一点。另外，故事性强且另辟蹊径的文案也能让读者眼前一亮。

第六章
创意营销文案：用户眼球聚集器

作为一个文案创造者，一定会有思维枯竭、灵感全无的绝望时刻。当然有的时候，还会因为内容平平、毫无看点而被老板臭骂，或者被客户频频毙掉。其实写出一个有创意的文案并不是什么难事，除了日常的学习和积淀，也许你还需要掌握一些创意文案的写作套路和思维模式。

本章围绕创意会提供给你很多切实可行的写作方法，当你认真阅读，并且掌握了这些方法之后，你就会获得很多新的思路、新的方法，你的文案也会出现柳暗花明又一村的惊喜。

好的创意让文案事半功倍

好的创意是一个广告文案的灵魂,也是广告设计成本的关键因素。通常来讲,一个成熟的文案策划人会以广告主题为依据,根据产品的基本属性特征,精心构思,运用多种艺术手段创造性地组合成一个有创造力的广告。

有创意的文案可以帮助企业生动形象地传递产品的信息,还可以启发消费者的思维,让他们长时间地对产品保持兴趣。比如纽约BBH联合利华的一则广告就很有创意,它的广告内容是这样的:

一个外表潇洒的男人一路走过来,路边的人们都被他的形象所吸引。有的人认为他是世界级的整容医生,有的人认为他是地下拳击手,有的人认为他是超级特工。结果广告看到最后,发现他只是一个使用了AXE止汗露的饭店服务生而已。

这则充满创意的广告利用了人们的好奇心,充分调动了人们思维的积极性,最后在破解谜团的时候巧妙地植入广告,不但不引人反感,反而让人们很愉悦地接纳了这个产品。

当然,有创意的广告还会利用有意思的故事或者虚构的人物在用户的心里树立独特的品牌形象,以此来增加企业的竞争优势。举例来说,鹿小二是语境品牌顾问有限公司为城发绿园设计的一个标志形象,这个卡通形象用很多有趣的对话方式为消费者带来独特的品牌体验,也树立了很好的品牌效应。

另外，有创意的广告文案还能帮助企业造成轰动的效应，从而为其带来不少的销量。比如，曾经平地崛起的电商神话凡客，在品牌宣传的时候就创作了一系列的经典文案，其中名气最大的就是"凡客体"。

爱网络，爱自由，爱晚起，爱夜间大排档，
爱赛车，也爱29元的T-SHIRT，
我不是什么旗手，
不是谁的代言，我是韩寒，
我只代表我自己，我和你一样，
我是凡客。

我爱表演，不爱扮演；
我爱奋斗，也爱享受；
我爱漂亮衣服，更爱打折标签；
不是米莱，不是钱小样，
不是大明星，我是王珞丹。
我没什么特别，我很特别；
我和别人不一样，我和你一样，
我是凡客。

由于这则文案的体式（爱……不爱……不是……是）比较特别，再加上当时人们强烈的表达意识，最后出现了全民"调戏"凡客的盛大场面。很多明星、网络红人、动画形象都纷纷躺枪，下面来看看网友脑洞大开的"凡客体"。

调侃罗玉凤的"凡客体"。

爱生活，爱学习，

爱知音，爱读者，也爱文学。
我是技校精英，更爱金链汉字，
对生活和美有着独特的品位，
娇小而迷人。
我是罗玉凤。
前后300年唯我独尊。

调侃奥特曼的"凡客体"。

爱和平，爱自由，爱正义，
爱地球，打怪兽，爱人类，
也爱250元印花迷彩超人装。
不是什么潮流OUTMAN，我是奥特曼。
我只是在拯救自己，拯救世界，
我和你一样，
我是凡客。

当然在这场全民凡客的恶搞中，黄晓明成为被搞得最惨的明星之一。

爱英语，爱唱歌，
爱喝啤酒，也爱15元一件的深V低胸汗衫，
更爱能垫5厘米高的汉血宝靴。
我不是神马教主，
我把奔驰钥匙掉在地上，
我是黄晓明，
闹太套。

2010年，火爆网络的"凡客体"引起了全民的狂欢，也将凡客品牌的宣传推到了高潮，那个时候的凡客想不让人知道都难。

有创意的广告文案可以给客户带来耳目一新的感觉，也有可能给企业带来丰厚的利润。每一个文案策划人都应该为寻找创意和灵感而努力。为了最大限度地发挥自己的创造力，大家可以从以下几个方面发力。

第一，丰富自己的知识储备。

俗话说，巧妇难为无米之炊。如果文案策划人肚子里没有知识储备，那他想出来的就只能是一些干巴巴的东西。反之，如果文案策划人积累了丰富的知识，拓宽了自己的眼界，拥有了很强的知识分析的能力，那么就有了创造力的基础，一个优秀的有创意的文案也就有了创作的可能性。

第二，提升自己的综合能力。

创新除了要求文案人有丰富的知识阅历之外，还要求他们有超强的综合能力。比如，观察力、记忆力、分析能力、注意力等。当然，创造原理和创造方法也是不可不知的。

第三，发散性思维。

美国心理学家吉尔福德表示，人们发散思维表现出的外部行为，代表了一个人的创造能力。也就是说一个人的发散性思维越好，他的文案创造力就越强。不过发散性思维不是一蹴而就获得的，它需要经过有目的、有计划、有系统的训练才能形成。

著名的创意人乔治·路易斯曾这样评价创意的作用："一个伟大的创意就是一个好广告所要传达的东西。一个伟大的创意能改变大众文化。一个伟大的创意能转变我们的语言。一个伟大的创意能开创一个事业或挽救一个企业。一个伟大的创意能彻底改变世界。"

要点总结：

创意，是一种品牌力和影响力。要想写出有创意的文案，文案策划人员需要多学习，多实践，勤练习，培养自己各方面的能力，这样创意和灵感才会源源不断。

制造创意文案的10个套路

好的创意可以将产品信息准确地传递出来,而且这些充满创意的元素还能起到夺人眼球、吸引用户的作用。客户在轻松阅读的同时,更容易接受文案所传递的内容。好的创意文案既可以推动产品的销售,也可以促进企业的发展。总之,好的创意文案是每一个合格的文案人奋力追求的目标。

那么应该如何写好创意文案呢?制造创意文案有什么写作技巧呢?以下是十个可供大家参考的实用性的写作建议。

第一,文案结合热点。

在一个特定的时间段内,文案蹭热点能帮助带来广泛的关注度,也能为你的产品或服务带来比较好的宣传效果。比如借着热播剧《都挺好》的东风,很多公众号的文案都趁势为自家的产品做宣传。比如,都挺好!这款三星手机给你好看;都挺好!有延保,就更好;都挺好?反正苏明玉的穿搭是真!挺!好!

不过,要提醒大家的是写文案不是什么热点都能蹭的,在文案结合创意之前,首先想一想热点内容是否和你的目标用户有所关联,利用热点内容能否把你的产品或服务无缝连接起来。如果不能满足上述任何一点,那么即便强行蹭了热点,用户也不会买账的。

第二,反常识。

为了保障文案的创新性,大家不妨另辟蹊径,与传统固有的观念及社会约定俗成的事物形成强烈的反差。这样就很容易引人深思，进而使得你的广告文案深深地刻在用户的脑子里。

比如，某化妆品的广告——今年三十，明年十八。

再比如，百雀羚创意广告：《认真你就赢了》

我从来不算有什么特殊的天分，如果说我有什么特别，我只是一个认真的人。

我成长在一个对京剧来说最坏的时代，前辈一个个走了，观众一批批老了，剧场一点点空了，但对我来说，那或许是个最好的时代。舞台空了，总要有人来撑。很多年轻人会说，京剧太老太难懂了，我说这是成见，你不来找我，我来找你，我要走进年轻人的心里，打破这种成见。

我成立粉丝团，我上娱乐节目，我就是为了认真地告诉更多人，京剧看得懂，行头美，故事更精彩动人，看过你一定会爱上。于是看到今天这坐得满满当当的剧场，不得不相信，这世界还是会眷顾认真的人。

挫折，怀疑，在哪里没有？这是上天，留给认真的人的机会。每个人起点不同，天分不同，运气不同，唯一能握在自己手里的，就是认真。我很幸运，能找到这样一群和我一样认真的人。为了我们相信的事，一辈子认真下去，认真你就赢了！

字幕：为了相信的事，一直认真下去——百雀羚

在网络热词"认真你就输了"流行的当下，国民品牌百雀羚却一反常态，打出了这样一则反差强烈的励志而又暖心的文案——认真你就赢了。从文案的主题来讲，本身就是一种创新。另外，这个国民品牌联合京剧大师王珮瑜共同体现东方之美，也是一次全新的尝试。

第三，极端化。

所谓的极端化就是利用夸张的、怪诞的、超常规的表现形式体验产品

的某个特性。举例来讲，Stride炫迈口香糖的广告文案就是这样写的。该广告的代言人是一位影视明星，画面中出现的另外一个人是第521号挑战者。

影视明星：今天的挑战是一边嚼Stride炫迈口香糖，一边原地旋转。

挑战者：要转多久才能停啊？

影视明星：转到没味道就停吧！

时间过了很久。

影视明星：欸？人呢？！（清洁阿姨看见地下出现的一个大洞，惊讶得合不拢嘴）

影视明星赶紧跑到楼下一户居民家里。

发现这个挑战者还在转！而且那户人家家里的地板也出现了坑！

影视明星：还在转啊？！还有味道吗？

挑战者：根本停不下来！

Stride炫迈口香糖，美味持久，久——到离谱！！！

最后那户人家的地板也穿了，挑战者又掉下去了！

这个广告用了极端的表现手法——挑战者持久旋转，连续在两层楼房的地板上都戳了大洞，口香糖的香味还是没有散去。很明显，文案想用这种极端夸张的表现形式向用户证明这款口香糖美味的持久性。当然，这则广告大胆创新的营销模式也给用户带来了耳目一新的感觉。

第四，描述画面感。

当你形容一个人长得不好看的时候，可以用"丑陋"二字，也可以像世界名著《巴黎圣母院》里描述的那样去形容一个人：几何形的脸，四面体的鼻子，马蹄形的嘴，参差不齐的牙齿，独眼，耳聋，驼背……似乎上帝将所有的不幸都降临在了他的身上。

与前一个抽象的名词相比，后面的这些有画面感的描述很显然更让人印象深刻。同样的道理，创意的文案可以描述一些具体的可视性的画面，以此来加深用户对品牌的记忆力。比如，乐百氏矿泉水的广告词就是这样的：

为了您可以喝到更纯净的水，乐百氏不厌其烦，每一滴都经过严格净化，足足有27层，您会喝得更放心。乐百氏纯净水，真正纯净，品质保证。

这样的广告描述远远比"这瓶水很纯净"更有创意，更有说服力。当然，这也正好印证了《小丰现代汉语广告语法辞典》里的一句话："文案是过程，不是结果；是事实，不是结论；是说服，不是强暴。"只有把这个详细的过程摆出来，用户才能建立坚固的信赖感，如果直接把结果说出来，那么这则广告文案会显得苍白无力。

第五，拨动用户对损失的敏感神经。

在心理学上有这样一个名词：参照依赖。它是指个体基于某个参照点对得失价值进行判断，参照点之上，个体感受是收益，反之感受为损失。损失和收益的感知取决于参照点的选择。

根据参照依赖原理，人们对损失要比对相同数量的收益敏感得多。就像美国诺贝尔经济学奖第一人保罗·萨缪尔森所说的那样："增加100元收入所带来的效用，小于失去100元所带来的效用。"

通晓了用户的这一心理特征，文案策划人员可以利用它来做文章。

比如，某培训机构的广告："含辛茹苦数十载，你希望ta去选择还是被选择。"

再比如，某装修公司的广告："不要让你的百万豪宅看起来像廉租房。"

这两则广告不像传统的广告语那样，刻意强调我们的培训机构师资力量多么好，我们的装修性价比多么高，而是轻轻撩拨用户对损失的敏感神经，可以很快起到立竿见影的效果。

第六，适当调整与用户的心理距离。

消费者内心与产品之间的距离度是远是近，要根据具体的产品属性来确定。一般接地气的产品，其广告文案大多给人一种亲近感。比如，太太口服液广告语："每天送你一位新'太太'"；再比如，某公司的广告文案："当太阳升起的时候，我们的爱天长地久"；商务通的广告："科技让你更轻松"。

但并不是所有的品牌都是一副以客户马首是瞻的姿态，从而刻意拉近产品与客户的距离感。有的品牌的广告文案就很高冷，给客户一种不容易亲近的感觉。比如世界最著名钟表品牌之一江诗丹顿的广告：你可以轻易地拥有时间，但无法轻易地拥有江诗丹顿。这种高冷的风格可以给用户带来不一样的感觉，当然也容易勾起客户探索了解产品的欲望。

第七，形象化的类比。

为了表现产品或服务的某个抽象的特性，文案策划人不妨找一个"象征物"和产品做类比。比如杜蕾斯的广告用即将吹破的气泡形容该品牌的避孕套很薄。

第八，制造竞争感。

文案策划人可以把自己的产品或服务与非同类的产品做对比，以此来证明产品或服务的优越性。举例来说，谷歌浏览器为了证明自己打开的速度快，与非同类的闪电速度做了一次对比。

第九，时间和空间的转移。

比如，ING荷兰国际集团广告是这样写的："给你的孩子买份保险吧，因为你不知道将来会发生什么。"广告图片的上半身是一个小宝宝的头，下半身穿越到未来，流落街头。

再比如，Beans & Beyond 咖啡广告："喝了，晚上就如猫头鹰。"

一粒一粒的咖啡豆发生空间位置的转移，拼成一个猫头鹰的身体，而盛着咖啡的杯子充当猫头鹰的眼睛。这样的广告形式非常新颖。

第十，从商品自身找创意。

产品的名称、包装、制造方式、产地、历史、用途等都有可能成为文案策划者灵感和创意的来源。

比如，影视明星赵薇代言的好吃点食品广告："好吃，你就多吃点。"这个广告词的灵感就是从商品名称上来的。

再比如，王菲代言的金典有机奶广告，其创意就是从产品的产地入手的。

孩子：这是哪儿啊？

王菲：到了，原产地有机牧场经典有机奶，获得原产地保护，自然品质更高。

身为一个广告文案的工作者，肯定会有思路堵塞、创意枯竭的时候。不过不要着急，上面的这十个写作套路也许能帮助你找到灵感呢！

要点总结：

创作出充满创意的广告文案是一个长期而又艰辛的过程。要想让创意和灵感信手拈来，仅仅掌握几个写作的套路是远远不够的。它需要文案人长期学习和积累，还要遵守一定的写作规律。

引爆创意,你需要具备这样的思维方式

当你面对眼前的文案一筹莫展时,当你看到自己写下的文案毫无创意时,当你的文案被领导频频地毙掉时,你的内心是不是有一种深深的绝望?你是不是感觉思维已经走进了死胡同?为了帮助大家解决这些困扰,下面我们介绍几种非常有用的思维模式。

第一,苍耳思维。

苍耳是一种浑身长满小刺的植物果实。这种果实的总苞有钩状的硬刺,很容易粘在动物的皮毛和人的衣服上。所谓的苍耳思维其实就是在文案中多设置几个钩子,从而让推广的品牌和产品在用户的心中留下深刻的印象。

在利用苍耳思维给文案加钩子的时候,可以埋下一个悬念,引发用户的好奇心;也可以利用一个接地气的有趣故事,把你的产品植入进去;也可以自问自答,让用户的思绪跟着你的问题一起往下看。当然,要想让文案黏住用户的眼球,你可以多用具体的名词和动词,少用形容词和抽象名词。

第二,紫牛思维。

"紫牛思维"指的是在一群黑白相间的奶牛中,忽然出现一头紫色的牛,那么大部分人的视线都会聚焦在这头紫牛身上。在文案里,一些颠覆传统的思维或者认知就是牛群中的紫牛。

比如某沐浴露的广告是这样写的:"沐浴后,干净不是好现象,××乳液让你的肌肤净而不干。"

再比如，台湾一家超市的文案画面是让大爷大妈拎着塑料袋走时装秀。这样新奇的表现形式真的很有创意感。

第三，救猫咪思维。

救猫咪思维最早存在于好莱坞的编剧当中，它指的是为了让主人公有吸引观众的特质，通常会给他安排一些帮助他人的场景。比如说救一只猫咪。这样主人公的形象不再单一苍白，而是有血有肉、多维立体的。

一个充满创意的文案也可以利用这种思维，设置一个"救猫咪"的场景，这样很容易打动客户。比如美国音乐学院推销音乐函授课程的广告："我坐在钢琴前时他们都嘲笑我，但当我开始弹奏时……"这则广告文案没有说他们的课程多么好，但是这个场景的营造却成功地激发了人们对成功的渴望。

第四，蜜柚式思维。

蜜柚式思维也可以称作类比式思维。广告语"吃一口鱿鱼干等于吃50口肥肉"就是这种思维模式最典型的运用。吃一口鱿鱼到底能摄入多少克胆固醇呢？人们对于这些专业的说法不能有很好的认知，但是如果把胆固醇换成人们熟悉的肥肉，理解的难度就会大大下降。

所以在运用蜜柚式思维创作文案的时候，要充分利用用户的现有知识经验和认知水平，将未知的新知识、新观点嫁接到人们熟悉的事物上来。

总而言之，好的思维模式可以帮助文案策划人打开思路，走出创意枯竭的窘境。当然也可以打开客户的心扉，使其对品牌和产品留下深刻的记忆和超高的好感度。

要点总结：

要想突破文案的瓶颈，引爆创意，文案策划人不妨运用苍耳思维、紫牛思维、救猫咪思维、蜜柚式思维。在这四种思维模式的指导下，也许你的文案可以给客户带来一种不一样的感觉。

扎心了！支付宝这组创意海报很能打

在如今高压的社会环境下，很多创意文案都意在用扎心的丧文化撩拨用户的情绪，以此来增加用户的消费动力。比如，支付宝联合16家基金公司推出的一组海报就很扎心，这则海报的主题是："年纪越大，越没有人原谅你的穷。"

小时候总骗爸妈，自己没钱了；
现在总骗爸妈，"没事～我还有钱"。
——年纪越大，越没有人会原谅你的穷
让理财给生活多一次机会

在家心疼电费，在公司心疼房租
——年纪越大，越没有人会原谅你的穷
让理财给生活多一次机会

没有逃离北上广
并不是凑够了首付
而是每天的外卖
可以一起凑满减
——年纪越大，越没有人会原谅你的穷
让理财给生活多一次机会

这是三个海报上的部分文字。从文案的字里行间，我们可以看出漂泊在外者的丧生活。"没钱""电费""房租""外卖""凑满减"这些字眼反映出现实生活中的一地鸡毛，戳痛了人们的内心，也引发了人们的共鸣。当然，这也为推广支付宝理财埋下了伏笔。

按照马斯洛理论，人的需求从低级到高级共分为三个大的阶段，低级阶段包括生理需求和安全需求，中级阶段分为社会需求和尊重需求，高级阶段为自我实现的需求。而这种丧文化体现的是某种群体共有的情绪，也反映了某种群体的高级需求，所以支付宝的这则创意内容算是高级戳心了。

当然，迎合客户低级阶段和中级阶段的需求并非不高级或不值得提倡。不管是什么级别的戳心，只要你的文案创意内容和客户的自身需求高度契合，那么就是一篇好的文案。

对于文案策划人而言，如何才能让文案的内容充满创意且扎心？其实最主要的还是要把所思所想聚焦到用户身上来。

第一，以用户为中心。

每一次策划设计文案之前，首先站在用户的角度上思考问题，深挖用户在产品体验流程中可能存在的痛点，然后以此为依据，确定产品的核心卖点。

第二，营造用户的使用场景。

场景化的文案很容易给用户一种身临其境的感觉，也很容易打动用户的心。比如，加多宝的广告文案是"怕上火，喝加多宝"。为了进一步强化人们去火的需求，这则广告还特意将火锅、吃串、小龙虾等容易引起上火的场景搬到人们的眼前。

第三，充分调动用户的感情。

用户的感情因子是提高文案转化率的关键所在。所以在设计创意内容的时候，一定要通过文字、图片等多种表现形式引起用户情感的共鸣，这样用户才能对产品和品牌留下深刻的印象。如果有相关的需求,用户还会在后续做出购买的决定。

总而言之,在设计扎心的创意文案时,一定不要脱离了用户的视角,而是要想方设法地洞察用户的情感,营造用户熟悉的场景,否则你写的文案只能是自顾自嗨,用户看完内心不会有一点波澜。

要点总结:

扎心的文案创意能给客户带来内心的刺激,但是运用得不恰当,很有可能造成负面的影响,比如支付宝的这组扎心文案就因为它的丧被推上了风口浪尖,最终以道歉收尾。所以文案人在策划内容的时候一定要根据自身的品牌和产品,以及受众群体的广泛程度酌情运用。

知名创意广告人给你的50个忠告

世界著名的物理学家牛顿说:"如果说我之所以看得更远,是因为我站在巨人的肩膀上。"作为一名文案人,除了掌握一些制造创意的套路,还要懂得以谦逊的姿态听听资深文案人的建议,这样更有利于今后的文案创作。

以下是台湾奥美广告的执行创意总监胡湘云女士给年轻创意人的50个忠告:

1. 和爱情比起来,你的工作更能对你实现一分耕耘一分收获的承诺。

2. 找一个创意名声不错的小公司或大型代理商,花两年的时间,去成为那个环境里最有热情的创意人。

3. 你的身体和头脑就是你的武器，要注意健康，吃得好些；要运动，让身体和头脑都保持良好的状态。千万不碰那些号称能帮你找到灵感的药。

4. 把网络和接触真实世界的时间比例确定好。原则是后者永远要多过前者。

5. 如果你是文案员，你就要努力写出业界最棒的文案。如果你是视觉指导，就要做出业界最棒的视觉。不用等到明天，也不用等到变成总监，就是现在，你也有角色可以扮演。

6. 不要计较你总是比别人工作多。你不仅要衷心拥抱，还要主动要求多做一些事。聪明的女孩知道，这是难得的不用付学费的学习机会。把轻松的留给那些沾沾自喜的平庸之辈吧，你的对手不会是他们。

7. 你要做梦，和所有野心勃勃的男同事一样做大梦。把梦写下来，每一年去检视你为这个梦做了哪些事情。

8. 你用不着讨好每一个人，但一定要有礼貌。对资深人员要有礼貌，对平辈要有礼貌，对公司的小妹更要有礼貌。这无关能力，但关乎教养。

9. 不要去做那些会让你视野和心胸狭隘的事情，例如搅入口舌是非。不要批评那些你根本不了解的人和事情，很多时候，你会成为有心人用来打击主要敌人的棋子而不自知。需要靠八卦情报才能交的朋友，不会在意你的梦。

10. 多结交见识广、热情创造、喜爱阅读和艺术，以及乐于思考的朋友，也让自己成为那样的人。因为我们的行业最终是需要感受的，如果你对生命中的事物毫无所感，你就无法真正享受这份工作，甚且无法做出触动人心的作品。

11. 趁着年轻多尝试，没有人会过度苛责一个资浅创意人犯的错误。

12. 说来残酷，这个行业真的需要聪明人，如果你无法举一反三，最起码不要再犯同样的错误，不要以为人们有义务给你第三次机会。

13. 不要抱怨，更不要加入抱怨的小团体，卷起袖子找出解决的方法和资源。

14. 如果你发现事情的前景是错误的，不要害怕推翻自己，重新来过。这是学习负责、承担责任最好的态度。

15. 一有机会，就去看看其他同事是如何进行创意工作的，可以跟他们的创意总监商量，让你进来旁听。这个阶段的你，需要扩大广度，坚持学习。

16. 不要找借口。如果你想成为优秀的创意人，就要从现在开始行为像个优秀的创意人，不要怪东怪西，不要怪同事怪上司怪客户怪导演，你只能怪自己。凡是跟你有关的事情搞砸了，不论大小，你都要用肩膀扛起来。

17. 我发现很多年轻创意人走进这行，只是因为他们认为这是个时髦的行业。他们喜欢创意这个头衔，胜过他们想为创意人付出代价的意愿。这些人往往表现平庸或是容易跟风，因为他们完全没有准备好。

18. 把英文学好。它是连接世界很重要的一扇窗。

19. 看影剧时尚版，也要看国际新闻版。看 *Wallpaper*，也要看甘地自传。知道九把刀，也要知道 Susan Sontag。

20. 很奇妙的，当你有了第一件真正突出的作品之后（要真正杰出而非平庸之作），第二件就会比较容易随之而来。这种以杰出召唤杰出，而最终成为杰出创意人的例子不胜枚举。因为第一件杰出作品往往是你创造第二件杰出作品和超越的动力。那时你就真正在与自己比赛了。你要趁早让第一枪响起。

21. 对待团体慷慨些，即使这是你的想法，甚至你为此投入了很多力气。记住，没有人能够真正拿走属于你的才华和成长。

22. 趁你在人生体力、精力最旺盛的时段，把握任何能让你积累经验的机会，不要计较机会大小。大机会往往藏在人们不愿意承担的或是看来辛苦的事情中。上帝送你礼物也会包装的。

23. 有一个年轻的创意人向我抱怨，说他在创意总监对作品的高要求下，有两个月无法打他喜欢的篮球了，他问我如何才能做好的创意，也同时打他喜欢的篮球。我说你一定可以打你喜欢的篮球，只要你愿意挪出你的睡眠时间。你要及早认清你在一个需要怎样投入才能出类拔萃的行业里，否则这世上一定有很多其他的工作，能让你每几天都可以打篮球，为什么要自找苦吃呢？

24. 记住，不要为难别的女人。你只要跟你自己竞争，就够你忙一辈子了。

25. 比成就感更重要的事就是你工作的幸福感。它不完全建立在你赚多少钱，拥有多大名声的基础上，而更多地取决于你和同事、客户的关系，你要学习尊重这些人。

26. 很多人都会翻看得奖作品集，从中获取灵感。我要给你的建议是，不要把一件作品以看得懂看不懂为结束，这样你是什么都学不到的。遇见你喜爱的作品时，你要学会追踪，深入了解创作人和作品背景。每件作品都是人的某个观念、某个生活经验、某段很私人的思考撞击出来的。你越了解其中，就会得到更多启发。久了，你也会以那种观点观看并思考事情。

27. 这世界没有秘密。所有能做好创意的秘密都公开了。重点是，你看到了吗？你去做了吗？你坚持了吗？你让它成为你的习惯了吗？

28. 别因为你的功劳被人抢了而沮丧或者口出恶言，你的人生很长，除非你是平庸之才，否则一定会做出更棒的作品，别小题大做。

29. 不管你多么正直、善良、杰出，还是会有人否定你，你要早点习惯这些。

30. 在这个行业，你一定常常听到"创新"这两个字，让我告诉你实话，创新并不是想一个新点子就可以，如果你无法把每个细节都做好，创新永远不会发生。个人、公司都一样。

31. 找到你们公司最专注做杰出创意的人，接近他，让他成为你除直属主管之外的另一个导师。

32. 要训练自己上台说话的胆量。你无须舌灿莲花，但一定要真实诚恳。当你的心是真切的，即使脸红或口吃都无所谓。

33. 我鼓励年轻创意人有机会把作品送去参加世界重要奖项的比赛。那会让人对自己保持诚实，避免过度自我感觉良好。

34. 当你都尽力了，结果还不如预料，原谅自己，也原谅别人。不要在懊悔中太久，工作中的喜讯是：你永远有下一次。

35. 不要装可爱，把那些留在爸爸妈妈或男友面前。没有哪个客户会相信一个还在吃奶状态的人会有什么高明的见解。

36. 别让任何人有机会暗示你不够好，也别接受任何使你丧失信心或丧失机会的暗示。

37. 有个杂志问我，创意最远可以到达哪里？我的回答是，好创意可以穿透人心，那是它能够到达的地方，也是它最美好的去处。没有谁是因为想帮某个财团或某个品牌赚更多钱而成为一个创意人的人，帮客户达成生意目标是我们的职业责任，我很高兴帮我的客户成功，但我鼓励你要有超越这个层次的梦想，那会让你更快乐。

38. 一件赶着放假而完成的作品，和一件不计时间精力去完成的作品的差别，可以说是天与地。你要优秀，就要付出代价，这很公平。

39. 你在哪里不重要，重要的是你往何处移动。你有多优秀不重要，重要的是你将会多优秀。这是老生常谈，但再受用不过。

40. 尊重你的客户、你的公司，你的对手也将因此尊重你。

41. 帮助那些能力比你差的人，但不要跟随一个笨蛋。前者是做人的基本道理，后者则是为了避免你也变成如此。

42. 这句话还是真理：如果你每天早上起来都不想去上班，不要浪费生命，赶快离开吧。

43. 别把他人给你的指导视为理所当然，没有谁有责任负责你的成长，包括你的主管。你必须自己愿意长大，别人才帮得了你。

44. 不要说谎。对你的同事、伙伴、客户、消费者都不要说谎。如果你必须说谎才能做好工作，你就不会打心底里尊重自己的职业。

45. 不要以离职作为手段，不管你想得到什么。对自己最不尊重的事，莫过于你看轻别人又看轻自己。

46. 实际的工作经验就是最好的训练、最好的教育，别过度依赖课堂上教授的论述或某些工具书，尤其是得奖作品集。

47. 坚持自我和接受指导是完全不冲突的两件事。不要弄混了。要知道，当你放弃一个人的时候，是不会花时间去指导他的，我觉得年轻创意人做得最愚蠢的事情就是无法放开心胸去接受他人指导，我发现那些只能听进好话的创意人，也许能产出不错的作品，但始终无法真正杰出。

48. 坚持、坚持、坚持，否则一切将不会如你所愿。

49. 创意人是整个广告行业中的灵魂，他必须有理想支撑才能远行。不管未来的你将多么资深多么优秀，记住时刻回顾你选择这份工作的初衷，它会在你迷失时给你最忠诚的答案。

50. 一定还有另 50 个忠告。但你只需记住一件事——努力。

这些忠告给了文案工作者方方面面的指导，比如，在工作中如何处理纷繁复杂的人际关系，如何实现自我价值的提升，如何让你的创意广告梦走得更高更远，等等。这 50 个忠告言辞恳切，句句在理，值得大家仔细体会玩味。如果你听进去了，并且真正付诸到自己的实践工作中，那么你在今后的创意广告路上会受益匪浅。

要点总结：

创意文案的方法在圈内比比皆是，但是这些都是站在前辈人的实践基础上总结出来的，所以每一个文案人都应该抱着创造性学习的态度对待自己的工作。

第七章
每一个挥笔成金的文案人都是营销大师

美国20世纪著名的文案撰稿人克劳德·霍普金斯在《科学的广告》一书中写道,"广告不是用来娱乐大众的。如果广告变成娱乐,它将会吸引到想被娱乐的对象,而不是你期待的消费者。这是广告业可能犯的重大错误之一:文案写手抛弃了自己的本分。他们忘记自己是销售人员,反而表现得像个演艺人员;他们希望听到的是掌声,却并不追求销售"。

所以作为一名文案人一定要记住自己工作的本质,掌握丰富的营销经验,学会大量的销售技能,这样你的文案才有挥笔成金的可能。

爆款创意文案：营销策划、撰写技巧及实例全书

从这四个写作的维度撩拨用户的购买欲

众所周知，优质的文案意味着有很高的转化率，而要有很高的转化率，首先就得让客户产生一定的购买欲，购买欲才是产品成交的关键因素。那么，怎么写出让人有购买欲的产品介绍文案呢？以下是几个可供参考的写作技巧。

第一，描述客户在使用产品的感受。

人们对一个产品购买与否，很大程度上取决于他们的感性思维。要调动客户的感性思维，最为有效的方法就是先让客户置身于产品的使用情景当中，而这个使用场景是需要你通过细腻的笔触描绘的，描绘客户在产品体验过程中心理感受如何，身体感受如何，眼睛看到了什么，耳朵听到了什么，鼻子闻到了什么，舌头尝到了什么。通过各种美妙的感知觉体验，让客户充分认识产品的重要性，这样客户内心的购买欲就会被勾起来了。

以下是美国广告宣传与销售培训大师德鲁·埃里克·惠特曼的一段经典文案，大家一起感受下，看看他是如何调动客户的感知觉，使客户萌生购买想法的。

这辆车拥有宽阔如客厅的车厢，关上它那扇拱顶似的车门，准备享受少数特权者的驾驶体验。你周围都是华丽而芳香的皮革，产自国外的硬木和昂贵的威尔顿羊毛地毯，这辆车会显出你独特的生活方式……感觉到了吗？当高达453马力的强劲动力召唤你释放它们时，你的肾上腺素正飞快

地流过静脉血管。

通过上面的场景描述，给客户制造了一种身临其境之感。"宽阔如客厅的车厢"是客户眼睛看到的，"华丽而芳香的皮革"是鼻子闻到的，"国外的硬木和昂贵的威尔顿羊毛地毯"也是目之所及的东西，"肾上腺素正飞快地流过静脉血管"是身体的感受。这所有的细节描写都给客户营造了驾车时的舒爽之感。试着想想，假如你获得这样的美妙感觉，是不是也想迫不及待地认识和了解一下这款车呢？

第二，描述痛苦场景。

在现实生活中每个人都有烦恼，要想解决这些烦恼，一定会诉诸某些产品或者服务。比如，某个人逛街逛得口渴了，想买矿泉水或饮料；长时间伏案工作累得腰酸背痛，可能会到按摩店做做按摩或者去KTV唱唱歌，放松放松。"口渴""腰酸背痛"就是客户的烦恼和痛点，而喝水、按摩、唱歌就是解决烦恼和痛点的办法。

按照这样的思路，文案策划人可以先给客户制造一个具体清晰的痛苦场景，挑起他们的烦恼，并且告诉他们问题如果不能得到很好的解决，他们将会承受非常严重的后果。这样一来，他们会主动寻找解决问题的办法，此刻你的产品或服务也就有了用武之地。

以下是一则经典的文案范例《我害怕阅读的人》，它写作的背景是这样的：台湾天下出版社在25周年庆典之际，请奥美广告公司的人写一则推广文案，目的是号召更多人加入读书的行列。应出版社的要求，奥美人交出了一份满意的答卷。

我害怕阅读的人。

不知何时开始，我害怕阅读的人。就像我们不知道冬天从哪天开始，只会感觉夜的黑越来越漫长。

我害怕阅读的人。一跟他们谈话，我就像一个透明的人，苍白的脑袋无法隐藏。

我所拥有的内涵是什么？不就是人人能脱口而出，游荡在空气中最通俗的认知吗？像心脏在身体的左边。春天之后是夏天。但阅读的人在知识里遨游，能从食谱论及管理学，从八卦周刊讲到社会趋势，甚至空中跃下的猫，都能让他们对建筑防震理论侃侃而谈。相较之下，我只是一台在MP3时代的录音机，过气、无法调整。我最引以为傲的论述，恐怕只是他多年前书架上某本书里的某段文字，而且，还是不被荧光笔画线注记的那一段。

我害怕阅读的人。当他们阅读时，脸就藏匿在书后面。书一放下，就以贵族王者的形象在我面前闪耀。举手投足都是自在风采。让我明了，阅读不只是知识，更是魔力。他们是懂美学的牛顿、懂人类学的凡·高、懂孙子兵法的甘地。血液里充满答案，越来越少的问题能让他们恐惧。仿佛站在巨人的肩膀上，习惯俯视一切。那自信从容，是这世上最好看的一张脸。

我害怕阅读的人。因为他们很幸运。当众人拥抱孤独或被寂寞拥抱时，他们的生命却毫不封闭，不缺乏朋友的忠实，不缺少安慰者的温柔，甚至连互相较劲的对手，都不至匮乏。他们一翻开书，有时会因心有灵犀而大声赞叹，有时又会因立场不同而陷入激辩，有时会获得劝导或慰藉。这一切毫无保留，又不带条件，是带亲情的爱情，是热恋中的友谊。一本一本的书，就像一节节的脊椎，稳稳地支持着阅读的人。你看，书一打开，就成为一个拥抱的姿式。这一切，不正是我们毕生苦苦找寻的？

我害怕阅读的人，他们总是不知足。有人说，女人学会阅读，世界上才冒出妇女问题，也因为她们开始有了问题，女人更爱读书。就连爱因斯坦，这个世界上智者中的最聪明者，临终前都曾说，"我看我自己，就像一个在海边玩耍的孩子，找到一块光滑的小石头，就觉得开心。后来我才知道自己面对的，还有一片真理的大海，那没有尽头"。读书人总是低头看书，忙着浇灌自己的饥渴，他们让自己是敞开的桶子，随时准备装入更多、更多、更多。而我呢？手中抓住小石头，只为了无聊地打水漂而已。有个笑话这样说：人每天早上起床，只要强迫自己吞一只蟾蜍，不管发生什么，都不再害怕。我想，我快知道蟾蜍的味道了。

我害怕阅读的人。我祈祷他们永远不知道我的不安，免得他们会更轻易击垮我，甚至连打败我的意愿都没有。我如此害怕阅读的人，因为他们的榜样是伟人，就算做不到，退一步也还是一个我远不及的成功者。我害怕阅读的人，他们知道"无知"在小孩身上才可爱，而我已经是一个成年的人。我害怕阅读的人，因为大家都喜欢有智慧的人。我害怕阅读的人，他们能避免我要经历的失败。我害怕阅读的人，他们懂得生命太短，人总是聪明得太迟。我害怕阅读的人，他们的一小时，就是我的一生。我害怕阅读的人，尤其是，还在阅读的人。

这篇扎心的文案一出，立刻引起人们广泛的共鸣。很多读书少、脑袋空空的人在社交场合的窘困，在饱学之士们面前的孤独，害怕被识破的恐惧被描绘得淋漓尽致。可以说这些痛苦场景深深地唤起人们对图书的渴望，所以这篇文案获得很大的成功，也斩获了很多广告比赛的创意大奖。

第三，优劣对比。

人们在购买产品或服务的时候总是喜欢货比三家，然后选择那个性价比最高的买单。基于人们趋利避害的心理，文案策划人员可以给客户做一个产品的优劣对比。如果竞品的质量、设计、功能等各方面都不如自己的产品好，那么客户肯定会选择好的产品购买。

具体示范案例大家可以在淘宝的很多详情页面上找到。比如，某品牌的无涂层炒菜锅，其文案的文字部分就是这样写的：

市面上的不粘锅，有三大使用禁忌：禁止使用金属铲；禁止烧制贝壳类食物；禁止用钢丝球洗锅。这也不行，那也不行，一手好厨艺毫无用武之地，做菜束手束脚，使用小心翼翼，您还能忍受这种锅？

而且一不小心涂层还会掉，你知道涂层脱落危害有多少？涂层脱落失去不粘性能，脱落后吃进肚子可能会致癌。

我们的不粘锅，内外采用304不锈钢材质，悬浮层经过压铸工艺与锅体一体成形，强度高、耐磨、不惧剐蹭。

3D锐氧技术，形成精致耐磨层，耐磨，耐刮，耐酸、碱、盐的全方位防锈效果。无惧各种锅铲，无惧各种洗涤剂，无惧铁沙级硬菜。

这样的优劣对比是不是可以帮助客户节省很多挑挑拣拣、思前想后的时间呢？而且客户看到两者之间的差距那么大，一定会选择那个耐用、不掉涂层的炒锅。不过大家在使用这种方法说服客户的时候一定要实事求是，不能随意贬低竞品，抬高自己的产品。倘若客户买回去的产品不耐用，还不如竞品的性能好，一定会找麻烦的，而且对产品和品牌的形象也是一种极大的伤害。总之，没有客观依据的文案是要不得的，即便夸夸其谈暂时骗到客户，后续也不会有持久的消费力。

第四，把产品的属性融进生活场景中。

有些产品和服务价值感非常强，但是如果在文案内容里单纯地写它非常有用，那就相当于给客户说了一句废话。客户买它就是因为它有用，具体用处有多大，可以帮客户解决哪些烦恼，其实他们心里还是没有数的。

遇到这样的情况，文案人员不妨把产品的属性融进生活场景中。简单来说，就是把有可能用得到产品功能的生活场景都罗列出来。比如，资深广告人林忠义先生在国庆期间想出了一系列清晰的生活场景，给年轻妈妈们编制了好多的购买理由。

为了讨好小侄女，小王国庆节带糕先生回家！
糕先生千层便当，家里人都挂念

国庆，我来到你的城市，你却不带我见识一下糕先生！
糕先生千层便当，招待利器

国庆，即便在加班，也要做个快乐的加班狗！
糕先生千层便当，加班好伙伴

国庆福州周边游，
女儿闹着要带上糕先生！
糕先生千层便当，好吃好携带

国庆不一定要宅家，
但宅家追剧真的好舒服啊！
糕先生千层便当，追剧能量棒

  回老家探亲、老朋友相会、加班、外出郊游、在家看剧都是年轻妈妈在国庆期间要发生的具体生活情景。因此，这位聪明的文案人提前给大家设置好有可能用到糕先生千层便当的情景，这些客户看到这样的文案，若是真的有这些方面的需求，一定会毫不犹豫地出手购买。

  最后，要提醒大家的是，客户的购买欲是文案实现销售力的前提和根本，否则不管你说什么，做什么，产品或服务如何好，对于无欲无求的客户而言都是废话，他们不会有丝毫心动的感觉。而要挑起他们的购买欲，上面提到的四个写作维度一定会对你有所帮助。

要点总结：

描述客户在使用产品的感受，可以勾起他们对使用产品或服务的向往；

描述痛苦场景，可以唤起客户对产品或者服务的渴望；

优劣对比可以更好地体现产品的优越性和价值感，从而有效激发客户的购买欲；

把产品的属性融进生活场景中，可以给客户一个购买的理由。

同质化的产品如何写出眼前一亮的感觉？

在企业间竞争异常激烈的今天，产品同质化的现象日趋严重。如何把同质化的产品文案写出与众不同的感觉，是摆在每个文案策划人面前的一个重要挑战。很多文案人碰到卖点同质化的产品就头大，不知道该从什么样的角度下手，才能洗刷客户对广告的麻木感和厌烦感。针对这些困扰，或许下面的几点建议可以帮助大家找到写作的转机。

第一，设法建立客户对产品或服务的信任感。

每个产品或服务都有其特定的卖点。比如遮瑕膏，其卖点是能够遮饰诸多肌肤问题；科普书籍，其卖点是帮助用户增长知识；洗洁精的卖点是帮助人们快速洗掉餐具上顽固的污渍。

产品的卖点是显而易见的，每个文案人都能一眼看得到，可是写文案难就难在如何把这些同质化的卖点写得与众不同。很多人都把心思花在如何挖掘富有创意的文案主题上。他们恰恰忽略了非常重要的一点问题，那就是如何让客户对产品或服务的卖点产生信赖。如果客户没有基本的信任感，那么即便你把卖点说得天花乱坠，主题设计得创意感爆棚，他们仍然不会为产品或服务买单。

所以在你规避千篇一律的文案之前，首先要做的就是让客户打心里相信产品的卖点功效。至于如何建立客户的信任感，我们在后面的小节中会涉及，在这里就不一一详谈了。

第二，把产品或服务的卖点延伸到客户的心理层面。

人是思想非常复杂的动物，每个人的内心都有各种各样的需求需要被满足。尤其是在购物的时候，人们不仅仅是为了满足生理的需求，更是为了满足心理层面的需求。就拿买衣服为例吧，人们购买衣物不仅仅是为了遮寒保暖，更重要的是为了获得美的享受。尤其是女性朋友，对服装的颜色和款式更为讲究。

日本目白大学人类社会学系心理学教授涩谷昌三提出，一个女性对于服装的选择，其中隐藏了很多个性化的心理特点。那么，人们消费的时候有哪些心理层面的需求需要得到满足呢？罗伯特·布莱在他的文案书籍中早就对这个问题做了全面的总结。

1. 为了被喜欢。

2. 为了被感谢。

3. 为了做正确的事。

4. 为了感觉到自己的重要。

5. 为了赚钱。

6. 为了省钱。

7. 为了省时间。

8. 为了让工作更轻松。

9. 为了得到保障。

10. 为了变得更吸引人。

11. 为了变得更性感。

12. 为了舒适。

13. 为了与众不同。

14. 为了得到快乐。

15. 为了得到乐趣。

16. 为了得到知识。

17. 为了健康。

18. 为了满足好奇心。

19. 为了方便。

20. 出于恐惧。

21. 出于贪心。

22. 出于罪恶感。

读完这些心理层面的需求,大家在写文案的时候思路是不是一下子又开阔了很多呢?就拿一件衣服来说,它除了保暖防寒的作用,还能帮助女性客户提升气质和形象,以此获取众人羡慕的目光,更能满足她们心理优越感。另外,一件合身的衣服还能凸显女性客户婀娜多姿的身材,或者映衬她们甜美可爱的少女气息,以此帮助她们俘获异性朋友的芳心,甚至还可以帮助她们收获一段美满甜蜜的爱情。另外,一件适宜的西装还可以提升女性朋友的精气神,帮助她们获得领导或合作者的青眼相加。

综上所述,产品或服务的卖点若是延伸到客户的心理层面,是不是可以找到很多个让人眼前一亮的策划主题呢?

第三,品牌的价值感为文案增光添彩。

在阐述这个话题之前,大家先来了解一下目前各大品牌的酒的广告语。

舍得酒：智慧人生，品味舍得。

茅台酒：金奖茅台酒，诚交天下友。

郎泉：有情有义就喝郎泉。

习酒：习酒是喜酒，喜事喝习酒。

通过上面的广告标语大家不难看出，每个酒的品牌都蕴含着深远的含义。有的暗含人生的哲理，有的则体验出传统文化中人际交往的准则，还有的表达了对幸福生活的美好祝愿。这些品牌所暗含的深远意义很容易激发用户心中的某种情感共鸣。在这些共鸣情感的作用下，产品本身会被弱化，品牌的形象抢占了用户的心智，最后购买就成为用户理所当然做出的选择。

优质的文案策划人不会把思路局限在底层的功能卖点，还会让品牌和产品传达出某种理念，以此让同质化的产品给人不一样的感觉。当然，大家在构思这样的文案时不可单单凭头脑里一点点的灵感就确定品牌的价值和形象，你的品牌和产品想要传达一个什么样的理念，还得根据核心用户的心理痛点和主流价值观、产品背后映射的情感价值来综合确定，否则你所写的文案很容易陷入自嗨模式，客户不会受到任何影响。

要点总结：

真正同质化的可能是你的思路，而不是产品。以客户的心理层面和品牌的价值感为切入点，也许会让你的文案与众不同。

卖点星罗棋布？这三个撰写要点为你厘清方向

大家都知道要想让一个产品或服务打动客户的芳心，必须罗列出一系列强而有力的卖点，产品的卖点和优势才是与客户成交的重要砝码。可是有的时候产品的卖点太多，文案若是把这些七零八碎的卖点都灌输在客户的头脑里，很容易让客户分不清主次，甚至连一个卖点都记不住，所以这样的文案是毫无意义可言的。

那么，怎样才能把一个产品或服务的卖点恰如其分地体现在文案上呢？下面是一些可供参考的步骤。

第一，罗列出产品的所有卖点。比如，给某品牌的婴幼儿奶粉写一则文案，目的是通过文案使宝爸宝妈们认识到该品牌奶粉的营养价值，从而促使他们做出购买的决定。按照流程，大家可以先从卖家提供的产品资料入手，整理出有关产品的所有卖点。

1. 复合益生菌组合：宝宝易吸收。

2. 胆碱：帮助宝宝增强记忆力，为以后的学习打基础。

3. 叶黄素：增进与保护视力，让宝宝的双眼更加有神。

4. DHA：有助宝宝脑神经发育。

5. 膳食纤维：帮助肠道蠕动，让便便松软，从而帮助宝宝摆脱便秘现象。

6. 钙、铁、锌：宝宝成长必备的营养元素。

7. 国际认证：全球食品安全标准，BRC 等于 AA+ 认证。

8. 可追溯：一罐一码，全程链条自动数据采集，保证每一罐产品均可溯源。

9. 价格优惠：多罐购买可以享受多重豪礼。

若是把以上卖点分类整理，不难发现 1~5 卖点主要是针对奶粉的营养功能；7 和 8 主要是针对奶粉的安全性；9 则是奶粉的价格说明。

第二，找出客户最关心的问题。将产品的所有卖点分类整理之后，接下来就要考虑核心客户最关注的问题了。假如你是一个宝妈或者宝爸，买奶粉的时候你会在意些什么问题呢？一般来说网上买奶粉最关心的首先应该是奶粉的真伪，因为它关系到宝宝的安全；其次宝爸宝妈们会想到奶粉的营养元素；最后想到的才是价格的问题。因此，在撰写文案的时候，产品的卖点也应该按照客户关注的重点程度来排序。

第三，产品的唯一性是什么。对于商家来讲，可能自己的产品或服务满眼都是优点；而对于卖家来说，尽管你的产品存在这样那样的优势，我还是要货比三家，慢慢比较你的产品和同类的竞争产品之间哪个更好，这样才能争取让自己的利益最大化。

基于客户的比较心理，文案策划人最好能找到一项优于竞争对手的卖点，这样对客户才具有非常大的诱惑力。比如同样是关于啤酒的文案，若单单只有你的文案里加入了"啤酒罐在蒸汽蒸馏水中冲洗杀菌"这一卖点，相信客户一定会因为你这一独特的卖点而对你的产品多几分好感。

最后要提醒大家的是，卖点太多等于没有卖点；抓不住有效的主要卖点，就无法抓住客户的心；自以为是的卖点只是自我满足，于说服客户无益。大家一定要警惕文案的这三个大坑。

要点总结：

若文案所推广的产品卖点星罗棋布，你一时间无法厘清方向，那么不妨把卖点一个个整理出来，然后将整理出来的卖点分类归纳，最后以客户的关注程度和产品的独特卖点为衡量标准,把所有卖点按照重要程度先后罗列出来。

欲让其剁手,必先安其心

网上有这样一句话:一个高明的营销人员总能花 95% 的时间来与客户建立信任,然后花 5% 的时间成交。这句话说得非常在理,可以说客户的信任是产品或服务成交最关键的一个环节。如果没有了客户的信赖感,那么即便你的产品功能再怎么强大,服务做得再怎么无微不至,那都是空谈。

一个好的文案可以和客户之间建立一座信任的桥梁,进而刺激客户自愿消费,主动剁手。那么这样的文案又有什么样的套路呢?以下是几点有价值的写作技巧。

第一,借助权威的力量。

如果大家在平时有浏览微信公众号的习惯,那么一定会发现很多文章里都有马云的影子;如果大家在平时有欣赏广告的爱好,那么一定不难发现里面有很多娱乐明星的代言;如果大家在平时有关注健康养生的新闻,那么一定会看到很多医学领域的专家言论。为什么马云、影视明星、医学专家会频频进入大众的视野呢?其中很重要的一个原因,就是因为他们代表着权威,他们对大众有一种精神的引导和威慑。

所以,聪明的文案策划人懂得借力打力,善于利用权威的力量为自己的产品代言,善于用权威人物、权威机构建立客户的信任感。比如,某个品牌旅行箱的推广文案是这样写的:

荣获德国 iF 工业设计大奖

德国 iF 设计奖作为世界三大设计奖之一,有"设计界奥斯卡"之称。在刚刚结束的德国 iF Design Award 2017 国际设计大赛评选中,我们的金属旅行箱在全球数千件参赛作品中脱颖而出,获得德国 iF 设计奖殊荣!

德国 iF 设计奖对于普通大众而言是一个比较陌生的概念,但是若把它比作"设计界奥斯卡",那么它的分量就不言而喻了。而且这个设计是在全球数千件参赛作品中脱颖而出的,从参赛的数量之众来表现奖项竞争的激烈,以此来凸显旅行箱设计的质感。客户看到这样的推广文案一定会想:获得这样高标准、高技术含量的设计奖,这款旅行箱一定差不了,我很想见识一下。

某微信公众号为了推广一篇关于围棋的学习课程,搬出了很多名人大佬的言论,以此来证明学习围棋的重要性。

马云:中国人发明的围棋,既要谋势,又要做活,做活了就可以谋大势。

陈道明:借下棋,观天地之深广,思人生之浅狭。抛却胜负,无心则胜,无心则乐,无心则寿。

李亚鹏:棋如人生,演戏也一样,围棋使我在遭遇挫折的时候能保持平静。

李雪健:下棋和演戏一样,都能反映出一种做人的观念,都要有所取舍,有所付出。

而且文中还引用了"世界围棋第一人"柯洁的话:"我坚持最久的一件事是围棋。"以上种种权威人物和权威机构(世界围棋)的出场都证明了围棋的重要性,给正在犹犹豫豫,不确定是否要报围棋班的家长们一个很强的推力。

第二,利用数据和实验证明。

很多客户在花钱买一件东西的时候,都非常谨慎。即便是你的产品或服务再怎么优质,他们始终怀有一种不信任的态度。他们要么觉得你的产品价格那么贵,质量不一定那么好;要么觉得你的产品价格那么便宜,肯定质量好不到哪里去。要想打消客户的这些疑虑,文案人可以采用具体翔实的数据为自己的产品证言,也可以做一些物理化学实验证明产品的性能有多好。这些数据和实验,比自吹自擂的文字描述更让人信服。

比如,某品牌的蓝牙耳机,为了证明自己的音质和性能好,采用了一系列的数据。

外观动感前卫,大气漂亮,日本富士10mm动圈单元,音质特好,随时让你置身剧场氛围!推进低音特别爽,跑车般的推背感觉。

在蓝牙里十分难得,PK千元蓝牙音质,性价比非常高!双聚合物锂芯,超长巡航时间,可以飞过太平洋。

……

双向聚合物锂电池玩出新高度,延长待机使用时长。

采用单边各100mah聚合物锂电池,共200mah循环充电使用,有效提高耳机使用时长达10~20小时。

如果你是一个耳机购买者,看到这样的一系列专业数据,是不是心里对耳机的性能、音质、待机时间已经有了很强的好感度?尽管你对这些专业名词和专业数据不了解,但是依旧不妨碍你对这款耳机产生信赖感。

再比如,某个品牌的新生儿衣服,为了证明衣服是纯棉材质,在详情页面上放了有图有真相的燃烧实验:取出部分面料,点燃后晒图,大家可以看到面料不熔不缩,燃烧时没有黑烟,燃尽无化纤残留,灰烬呈粉末状。

这样的实验可以说是给客户熬制了一颗很大的定心丸,让客户在购买的时候心里不再有那么多的疑虑。所以文案人在建立客户信任感的时候不妨借鉴一下这种方式。

第三,用承诺化解顾虑。

网上购物虽然给人们带来诸多便利,但是它也有一定的弊端。针对这些弊端,客户的心里充满了顾虑,比如,买回来的东西不满意,他们会不会给我包邮退货?买一些比较隐私的东西,万一被别人发现那该多尴尬啊!在运输过程中,易碎产品磕了碰了,又该怎么办?东西买回来用一段时间坏了怎么办?东西买回来之后发现买贵了,我还可以退吗?

针对客户的这些顾虑,其实文案只需用掷地有声的承诺化解即可。比如,某品牌的手机为了化解客户的这些顾虑,在淘宝的详情页面上是这样写的:

100% 官方正品保障:100% 正品 假一赔十 全国联保 售后无忧 7 天保价 电子发票 权威物流 真伪可查

为了证明自家的手机真金不怕火炼,后面还写着一些产品验伪指南。试想客户在质疑之前,商家已经发出这样强而有力的保障,客户还会怀疑手机的真伪,还会担心手机的手续保障吗?

再比如,在杜蕾斯的官网里,大家可以看到这样一行温馨的提示:"为确保用户隐私受到保护,本商品采用严密包装盒保密发货措施。"这样贴心周到的承诺,一下子就化解了客户害怕隐私被发现的顾虑。

第四,让顾客的评论为产品证言。

古语有云:夫市之无虎明矣,然而三人言而成虎。这是成语"三人成虎"的由来。它体现的是人言在现实生活中的一些负面影响。不过任何事情都有正反两面,人的言论有的时候也不尽然都是坏事,比如当消费者的评论放在文案中为产品或服务证言时,它所起到的积极作用是不可估量的。

比如,某公众号在推广一支牙膏时,文案里放进去大量网友对这牙膏的评论:

这个牌子的牙膏好好用,真的是无氟,无论是哪个味道都强烈推荐!

气味是我喜欢的柠檬清香,以前一直用日货,这次换个口味。据说这款牙膏不含薄荷和一些其他刺激性气味的成分,特别适合孕妇使用。我有轻微咽炎,用后感觉自然舒服不刺激,还有点甜甜的,爱上这款了!

这支柠檬味的呢是专门买给自己用的,因为现在处于哺乳期,所以先买点天然的东西用,毕竟这是入口的,选择这款牙膏还是比较放心的。不过现在还没有打开用,到时候等用完了再来报告使用效果哈!

本来人们看完产品的功能介绍还在疑惑,这款牙膏真的有他们所说的那样好用吗?可是一看到文案里这些客户评论的截图,心里就多了几分信任。

最后,提醒大家的是,文案中若用到客户证言,一定要从多角度挑选,有的评论是关于产品味道的,有的是关于产品安全性的,有的是关于产品效果的。客户评论的角度都不一样,所以在挑选评论的时候一定要从不同的角度入手,切勿让评论的角度雷同。

第五,用畅销为产品的质量正名。

在上文中我们提到了从众心理,当客户看到一款产品被围得水泄不通的人们疯狂抢购时,马上就会产生购买兴趣。这个时候,信任与否已经是一件无关紧要的事情了,客户也早已把它抛在了脑后。

聪明的文案人都喜欢用产品的畅销说服客户。比如，飞鹤奶粉："万千妈妈的共同选择！"再比如，某品牌的电动车："上市一个月销量累计达到×××万辆，获得×××万人的好评。"

俗话说，自古深情留不住，唯有套路得人心。好的文案人一定是一位优秀的营销师，他们非常善于用写作套路博得客户的信任。

要点总结：

获取客户信任的五个写作套路：借助权威的力量；利用数据和实验证明；用承诺化解顾虑；让顾客的评论为产品证言；用畅销为产品的质量正名。

临门一脚，有这四个黄金写作法则就够了

在文案进行到最后的阶段时，通常客户已经对产品的卖点了解得差不多了，而且他们对产品也有了一定的信任度和购买欲。但是到了真正掏钱购买的时候，他们内心又变得犹犹豫豫了。

他们或许在想：这个东西我一定要买吗？以前没有这个东西也能凑合，买了又得支出一笔钱，算了，还是等以后再说吧！当然，也有人会觉得这个价格确实有点贵了，要不再回家跟家人商量商量……总之，各种理由拖拖拉拉就是迟迟不肯下单，这个时候，文案人若是不及时采取有效的手段，或许就会永远失去这个客户。

那么如何踢好这临门一脚呢？以下四个黄金写作法则经过各位文案大咖亲测非常有效，大家可以在写作的时候参考一下。

第一，利用客户的认知偏差，给其制造一种便宜感。

1992年，一个叫托奥斯基的人提出了价格锚点的概念。他认为当消费者对商品的价格不确定时，会用两个非常重要的原则判断商品价格是否合适。

第一个原则是避免极端：一般人如果发现一个商品有三个选择，一个功能简单价格便宜，一个功能极致所有功能都尽善尽美但价格很高，而如果第三个价格、功能在这两个中间的话，很多人不会选择最好，也不会选择最差，而是选择中间的那个，这种情况叫避免极端。

第二个原则是权衡对比：客户在无法判断一个商品是贵还是便宜的时候，会去市场上找同类产品询价进行对比，让自己有一个衡量标准的方式，称之为权衡对比。

在现实生活中，文案人利用客户权衡对比心理做文章的比比皆是。比如，某个品牌的电饭煲，性价比还算不错，售价是219元。为了让客户觉得价格不贵，文案这样写：原价是300元，促销价格是219元。客户一看：咦！这个电饭煲比原来整整便宜了八十来块钱呢！我得赶紧买，要不涨价了可占不到这样大的便宜了。

然而事实是，文案人故意在旁边放了一个被抬高的参考价格，人们在不知情的情况下权衡对比，然后果断选择了低价。这样一来，减少了客户现在购买的纠结，加速了客户付款的进程。

第二，利用价格平摊法，减少人们购买的压力。

通常来讲，价格往往是买卖双方成交的拦路虎，在文案中也不例外。一开始文案用各种办法获取了客户对产品或服务的认可，连客户自己都觉得购买这件东西或者这项服务，确实能给自己带来很大的方便，但是真正到了掏钱的时候，他们又开始犹豫了：毕竟是自己辛辛苦苦挣的钱，难道真的要买吗？

为了降低客户购买的压力，文案人可以用较高的价格除以使用的天数,这样一平摊,立刻就会给人一种很便宜的感觉。比如绿源电动车的广告语是这样的:"每公里电费不到 1 分钱。"这样一细分之后,其实总的电费并没有改变,但却能使客户陷入"所买不贵"的感觉中。

另外,文案人还可以给客户算一笔节约账,比如某品牌的洗碗机,它的部分文案是这样写的:

采用三层高效滤网＋智能强力循环泵,节能水循环,比手洗更省水!

ECO 洗模式额定耗水为 8.8L,手洗一次用水量约为 30L。在 ECO 洗模式下,每天使用一次洗碗机,即 365 天 ×（30-8.8）L/ 天 =7738L,每瓶水按 500ml 算,即 7738L=15476 瓶。

一年比手洗节省下 ≈ 15476 瓶水。

客户一看到这样一组有理有据的数字,立即就觉得:即便是买这样一台贵的洗碗机,也是挺划算的。有了这样的认知,他们就不会为价格纠结,而是会痛快地掏钱购买。

第三,限时限量限身份,打造产品或者优惠的稀缺性。

这个话题属于饥饿营销的范畴,我们在前面的很多小节里都有涉及,所举的文案范例也有很多,在这里就不展开赘述了。

第四,给客户一个正当的购买理由,减轻其购买的负罪感。

比如,在普通人的眼里,吃糖可能会产生变胖、长蛀牙等一些不良副作用。那么要写一篇关于糖果的文案,如何给客户一个正当的购买理由呢?下面的这个文案就给大家做了一个很好的示范。

××糖选用了新西兰安佳乳粉,和星巴克、雀巢等一线品牌相同。

这种乳粉去除了牛乳中的水分,直接干燥而成,最大程度保留了鲜牛奶中的营养成分。

做成牛轧糖之后,浑身都是蛋白质。吃三颗牛轧糖,就相当于喝一杯牛奶,随时随地帮你补充能量!

首先文案把××糖和星巴克、雀巢等一线品牌联系起来,给人制造了一种品质很高的感觉;其次它表明这种乳粉里保留了很多鲜牛奶的营养成分,而且做成牛轧糖之后,浑身都是蛋白质,还可以补充能量。这样就把人们之前对于糖果的负面影响都一扫而空了,并且还给了那些想吃糖又害怕胖的人一个购买的理由——补充能量,所以他们就可以心安理得地掏钱购买了。

总而言之,没有卖不出的产品,只有不懂营销的文案人。在文案进行到最后一步的时候,一定要运用好各种写作套路,踢好这临门一脚,否则之前的努力就都白浪费了。

要点总结:

这四种文案写作技巧可以引导拖拖拉拉的客户立即下单,它们分别是价格锚点法、化整为零法、饥饿营销法、正当理由法。

第八章
偷师高手的创意布局

好的文案需要有一个好的创意布局,而一个好的创意布局则一定要注重篇首、篇中、篇尾三个部分,因为它们分别关系到用户的阅读欲、读完率和转化率。一个成熟的文案人一定要掌握这三个关键部分的写作要领,这样文案才能有好的销售力。

篇首：点燃用户阅读欲望的关键所在

人们常说万事开头难，好的开头是成功的一半。其实对于文案来讲，又何尝不是这样的呢？文案的开篇是点燃用户阅读欲望的关键所在。若是这个头开不好，势必无法抓住用户的注意力，那么后面的部分即便是写得再好，用户也没有看的可能性了。在碎片化阅读的时代，人们每天可以关注的东西太多了，所以谁都不想把时间和精力浪费在一个毫无吸引力的事情上。

那么如何才能在开篇紧紧抓住用户的眼球，让他们产生继续阅读的欲望呢？以下是几种非常有用的写作方法，可供大家参考一下。

第一，痛点话题，引发共鸣。

中国有一句俗语，物以类聚，人以群分。它的意思是人们都喜欢和志趣相投的人谈天说地，形成一个圈子。文案开篇若是能引出一个用户喜欢的话题，并且第一时间和用户产生共鸣，那么就不怕用户没有兴趣看你接下来的内容了。

比如，荔枝微课的公众号为了推广一个关于儿童长高的线上课程，它的文案一开始是这样写的：

孩子今年8岁了，可身高只有113厘米，原本我以为，这可能是发育慢。但自从他因为个子矮向我哭诉，学校里的小朋友都笑话他是"小矮人"，甚至不愿意跟他一起玩的时候，我意识到：万一以后真的长不高了怎么办？我可不能让他因为身高毁了一辈子。

它通过设置一个具体的情景，引出了大部分家长朋友都关心的一个话题——孩子长个。害怕自己孩子长不高是所有家长心里共同的恐惧，而这个文案通过孩子的哭诉触动了家长们心里的恐惧点，引发了他们的共鸣，所以他们一定会顺着这个感兴趣的话题继续往下读的。

第二，不走寻常路，提出有悖常理的观点。

聪明的文案人为了抓住客户的眼球，有的时候会提出一些和常理不一致的观念。比如，人人都说勤俭节约是美德，如果你在文案里提出奢侈享乐才应该是人生正确的姿态，那么人们一定会好奇：到底是什么原因让你有这样的认知的？

举个例子，某微信公众号的一篇文章，开头是这样写的："28岁的他，月薪3500元，开着价值百万的玛莎拉蒂，银行里有六位数的存款……"人们一开始看到这样一段话就觉得很不可思议，一个月薪没破万的人竟然还能开那么豪的车，有六位数的存款？他年纪轻轻，究竟是怎么做到的？好奇心一起来，人们肯定会急着往下看，试图一探究竟。

第三，开门见山，指出别人的错误。

这是一个快节奏的时代，什么事情都讲究效率。如果你的文案一开始就亮明观点，不啰唆、不绕弯，也许可以博得客户的青睐。当然，文案开门见山就指出别人的错误，一定会激发用户对正确答案的渴望，于是用户接着往下读就成了一件顺理成章的事情。比如，某公众号的文案一开始是这样写的：

一提到健康饮食，大家都说要清淡，可是到底什么是清淡？很多小伙伴误以为清淡饮食就是水煮青菜这样的"吃草"式饮食，怎么可能啊，只吃这些岂不是越吃越不健康。

而且谁说清淡饮食就不能吃肉了，真正的清淡饮食是指在膳食平衡、营养合理的前提下，口味偏于清淡的饮食方式！

第四，提出疑问，设置悬念。

它是指在文章的开头部分设置一个疑问，以造成读者某种急切期待和热切关心的心理的一种写法。某公众号的一个文案开头部分就是利用悬疑手法写的：

前几天，在逛街的时候意外碰到许久未见的大学同学小微，她有颜有才还有一双大美腿，轻松hold住一件在我看来很难驾驭的衣服，那时的她就是我眼中想要的女神模样。

我不由得感叹："真羡慕你们这些天生就是大长腿的女人！"

没想到她竟回了这样一句话："我以前也是大粗腿，和很多人一样误以为腿粗都是天生的，腿不好看也是天生的，只要腿够细就是美腿。后来我发现了一个秘密，不吃药、不挨刀，一个月就能瘦出细直大长腿。"

我赶忙问："真的有这样的方法吗？你是怎么做到的？"

爱美是每个人的天性，拥有两条又细又长的美腿更是很多年轻女孩子梦寐以求的一件事情。所以该文案抓住她们爱美的天性，引出了一个"不吃药、不挨刀，一个月就能瘦出细直大长腿"的悬疑秘密，到底是什么方法这么神奇呢？往下看，读者就会找到答案。当然，这也正是文案人想要达到的理想效果。

有人说，标题的作用是让人阅读正文第一句话，正文第一句的作用是让人阅读第二句，第二句的作用是让人阅读第三句话，依次类推，直到读者读完最后一句话。如果文案策划人的写作真的能达到这个水平，那么就真正成为文案界的王者了。

要点总结：

要想点燃用户的阅读欲，文案篇首可以使用痛点共鸣法、违背常理法、开门见山法、设置悬念法。

篇中：客户读完率的重要环节

一篇成功的文案不仅首尾要精彩，而且中间部分也不可忽视。中间部分要是写得好，客户的跳转率就会降低，当然，与之相对的转化率也会因此而有所提升。那么，怎样才能写好中间的这部分文案呢？以下介绍两种具体可行的写作方法。

第一，平行式。

平行式写法指的是中间的几部分内容属于平行关系，即便调换部分内容的位置也不会对整体内容有任何影响。具体的案例，我们就以微信公众号荔枝微课里的一篇文案来说吧，这篇文案的标题是《偷看了500个富人朋友圈，我发现了真正的贫富差距是什么!》。

文章一开始就直接提出了这样一个问题：如何迅速发现有钱人和普通人的区别呢？接着文案围绕一个副教授的朋友圈调查结果展开了详细的阐述，具体内容展示如下。

所谓的贫富差距，不是金钱的差距，而是思维的差距。

他们的思维方式，真的跟我们普通人不大一样，你知道吗？

01.有钱人用钱换时间，而我们用时间换钱

在对待时间的态度上，是有钱人和我们普通人最显而易见的区别。

在富人的朋友圈里，出差是最常见的内容，有钱人每到一地，也喜欢打卡。

但出人意料地相似，他们住宿选择的都是五星级酒店。

我很好奇，他们为什么这么做？

有个人说出了他们的答案：因为五星级酒店往往在市区，配套齐全。这样，我就不必浪费时间在交通、办公准备等一些琐碎的事情上。这些时间，可以用去做另外的事情。

在有钱人看来，时间是不可替代的第一资源，所以，他们宁愿购买时间，去换取其他资源。

但多数普通人，为了少付几十块钱，会在商场里砍价一下午，丝毫不感觉虚度光阴。

滴滴打车里的"拼车服务"，总是生意火爆。一些人为了省下两块钱，宁愿和别人拼车，绕大半个城市，还觉得自己占了便宜。

你以为自己只是在浪费时间，其实，穷人思维已经在悄悄形成。

02. 有钱人喜欢投资自己，普通人只想买买买

听朋友讲过一个被调查者，她叫大D，今年35岁，外企员工。问她花过最快乐的一笔钱是什么？她笑着说："如果你问的是最有价值、最有幸福感的一笔，那绝对是出国留学花的钱。"

大D毕业之后，一直从事酒店管理工作。一次出差欧洲，住过一晚欧洲酒店之后，32岁的她提出了离职，不顾家人反对，毅然去瑞士留学，学习酒店管理。

这3年几乎花光了她所有的积蓄。"肉疼吗？太肉疼了！那可是我这么多年工作攒下来的，瑞士的物价让我每一天都在滴血。不过，我当时就想，花都花了，那就拼了吧。"她笑着说。

3年结束了，她学会了英语、瑞士德语、专业课技能，还有无数无法量化的在国外的经验……

毕业后，她与国外一家知名连锁酒店签约，薪酬比之前翻了几倍。

有钱人，总会把钱作为阶层继续跃升的资本，而我们普通人，多数时候，只会把钱当作享乐的资本。

03.有钱人只做最重要的事情，普通人关注八卦迷恋细节

扎克伯格的衣橱中，都是一模一样的浅灰色T恤。他开会时、演讲时、在家带孩子时，都是一身相似的T恤。

真正的有钱人，为什么总是穿一件衣服？

不是他们不注重衣着，而是他们每天的选择太多，不会纠结穿什么衣服这样的细节，他们只做最重要的事情。所以，他们的人生高度，远远超过了你。

有钱人一语中的，普通人废话连篇，这也是思维的差别。

大家可以看见文案中间的部分都是围绕穷人和富人的思维差异展开的。二者的思维差异表现在这三个方面：对时间的态度，对金钱的态度，对事情的态度。每个差异点都有翔实的论据，都有可信的小故事。而且每个差异性之间都是独立平行的，不存在包含与被包含的关系。

第二，递进式。

递进式写法通常出现在故事型文案中。这类文案有很强的带入感，能够充分调动起读者的情绪，所以读到最后，即便发现是在推销产品，读者也不会产生多少反感情绪。

下面我们以微信公众号每周优课的一篇文案为例，了解一下递进式文案的写法。这篇文案的标题为《"离婚了，还有谁肯要40岁的你……"最近都被这句话刷爆了！》

文案的开头以"人为什么一定要读书"这一问题引出了本篇文案的主人公上官文露和她的传奇人生！到了文案的中间部分，则写了一个关于她的传奇而励志的故事。以下是文字部分的赏析。

爆款创意文案：营销策划、撰写技巧及实例全书

— 01 —

婚姻破裂,"跑龙套"8年,阅读成为她的"避难所"

上官文露出生在东北小城,父亲是军官,翻译了不少军事著作,母亲做过编辑、主持人,生活在书香文墨的家庭,她从小就爱上了读书。

而她的偶像是央视《焦点访谈》主持人敬一丹。大学一毕业,她就决定"北漂",圆主持人的梦。

好不容易进了北京电视台。没想到,却是做2分钟的路况播报。

拿着3500块的月薪,这份主持人中很没有存在感的"龙套",她一做就是8年:

凌晨4点,你睡得正香,她已开始一天繁忙的工作;

录音棚没有空调,热得大汗淋漓、衣服能拧出水;

那时也没有提词器,犯错了就被领导指着鼻子骂……

工作上,苦劳不少,功劳没落着几个;同时期进电视台的人早就升职,薪资都翻了10倍,只有她还原地踏步。

家庭中,越来越没有地位,丈夫的冷漠,让婚姻随之破碎。

生活一下子跌入谷底,她开始怀疑自己:"难道我天生就比别人差吗?"

那时她天天失眠,慢慢消沉下去。

60多岁的父亲很担心女儿,没事就拉着她到市图书馆读书。伤心的她读不进去书,可也不忍心拒绝父亲的心意。

为了逼自己睡着,某天她随手拿起父亲送的大部头名著,没想到一下子被吸引住了。以前觉得艰涩、读不下去的部分,在安静的夜晚,却变得格外打动人心。

这时,她遇到了《金锁记》和《月亮与六便士》。

这两本书,真的救了她的命。

面对离婚的惨痛，她说：对丈夫的怨恨，让我差点变成曹七巧那样的怨妇。我吓出了一身冷汗，仿佛看到自己未来的样子。

《金锁记》让我彻底放下以往的戾气，从失败的婚姻中走了出来，学会了善待自己和身边的人。

面对职场的不顺，她认为：人不成长，是因为怀揣着一个假梦想，再好的路况播报员，也成不了敬一丹。

《月亮与六便士》里主人公人生选择的转变，让我惊觉之前的追求都是错的。其实我并不喜欢主持的工作，而是被它的光环所吸引。

长期的阅读，给了她力量，让她揪着头发，把自己从泥潭里拔出来。

经过一段时间的摸索，她发觉自己内心真正爱的其实是文学。于是大哭一场，决定重回学校，从零开始。

– 02 –

疯狂读1000本名著，成为超火爆的说书人

她的人生简直开了挂。

疯狂读了1000本名著，写下300万字的笔记（相当于3本《红楼梦》）后，她的改变，简直不可思议：

2008年，考上中国传媒大学的文学硕士，全国只招5个人；

2015年，创立上官文露读书会，成为超火爆的说书人；

节目累计有2亿人收听，500万会员，在微信读书的读书类产品排名名列前茅；

离过婚，经历迷茫和奋斗，她的解读直达女人心底，让人惊叹"她真的懂我"；

而近10年的新闻人从业经历，让她的解读视角犀利、一针见血；

再加上悦耳的声音、从容的态度、知性的气质，赢得无数粉丝，被誉为"名著解读佼佼者"。

通过上面的阅读，我们可以看到文案以细腻的笔触先描写了主人公 8 年"龙套"主持生涯的艰辛与不易，紧接着丈夫的冷漠和婚姻的破裂让她的生活彻底跌到了谷底。为了走出人生的阴影，在父亲的影响下，她开始接触图书，在书的浸润下渐渐地找到了精神的寄托，最后凭借着自己坚强的毅力，开启了人生的逆袭。

在这个故事中我们可以看到，主人公上官文露在读书的影响下前后发生了巨大的变化，人物形象也形成了鲜明的对比，可以说在故事情节上层层递进，非常引人入胜。

文案的中间部分是客户读完率的关键所在。好的文案字字都有吸附力，它们一步步地设置悬念，把读者带入到某个情景当中，直到将文案看到最后，读者才恍然大悟，原来这是一则关于××产品或服务的广告。

要点总结：

文案的中间部分通常有两种写作方法：平行式和递进式。平行式一般用于数字型标题的文案，递进式一般用于故事型文案。

篇尾：以客户为导向，引发好感

文案写到最后，很多人都会松一口气，因为他们觉得结尾的部分无关紧要，反正前面的部分足够精彩，已经能够打动客户，后面就无须花费太多的心思。其实这个想法大错特错，敷衍了事的结尾会让文案读起来头重脚轻，并且很有可能让整篇文章都前功尽弃。

通常来讲，优质的文案最后都会以客户为导向，客户的阅读体验和购买行动才是文案最关键的所在。为了引发客户的好感，促成交易，文案一般有以下几种结尾的方式。

第一，首尾呼应。

通常文案采用的结构都是总—分—总的形式。在这种结构框架里，开头部分提出某个观点，中间部分对这个观点做具体的阐述，结尾部分又呼应开头，把话题重新带回开头的内容。这种首尾呼应的写法使得文案内容完整，结构紧密，给读者一种很好的阅读感受。

举例来说，某微信公众号里有这样一篇文案，它推广的是关于记忆力提升的课程，这篇文案的开头部分是这样写的：

记忆力好是一种什么样的体验？

关于这个问题网友们是这样回答的。

学习中：过目不忘，文言文、历史、政治等看两三遍就会背，轻松拥有好成绩；

工作中：公司培训内容快人一步记住，业务能力飞速增长，轻松升职加薪；

生活中：家人朋友同事生日等一个不忘，轻松拥有好人缘。

结尾部分是这样写的：

所以这一次袁文魁老师来到了荔枝微课，浓缩了万元线下面授课程精华，根据日常教学经验总结而成了一套普通人学了就能立马用得上的实用记忆术。

譬如速记无规律的手机号，速记演讲稿、文章、考试知识点、单词等……相信只要跟着袁老师一起学习，一定会给你的生活带来巨大的改变！

如果你对课程有任何问题，欢迎在下方评论处提问，讲师将在评论区和大家进行讨论交流。

给你最实用的记忆力提升方法,快速记住你想记住的任何信息!

开头部分通过一个问题引出了全文的话题点——好的记忆力;紧接着文案告诉读者,拥有好的记忆力在学习、工作、生活中是怎么样一种体验。这种由好记忆力带来的好成绩、好薪水、好职位、好人缘,试问哪个人不想拥有呢?当然了,这样做的目的是激发人们对课程的购买欲。

到了结尾的部分,文案再次把话题引到了实用记忆力上,可以说整个文案首尾呼应,结构完整,可读性很强。

第二,利益诱惑。

利益是人们永恒追求的主题。如果文案在结尾部分落到客户的利益点上,那么无疑会给客户购买行动增加驱动力。比如某个推销高情商沟通课程的文案结尾部分是这样的:

这个课可能不能马上让你情商变高,但会给你一套直接能用的说话公式,让你马上就能用!

加薪谈判、面试、汇报工作;

夫妻谈心、冲突解决、甜蜜撒娇;

孩子教育、婆媳沟通、人际相处。

……

你遇到的沟通问题,课程都会涉及。

这个结尾部分就写得很巧妙,它再次强调了客户的利益点,让客户知道无论哪个场合听了这个课程都受益匪浅。这样实实在在的好处对于每一个想要提高口语交际能力的人来说都是一种非常强大的诱惑。

第三,提议倡导。

无论文案怎么写,最终的目的都是让客户做出购买的行动。所以到了文案的结尾部分，大家不要羞于表达让客户购买的意思，必要的时候让客户知道要干什么，一定程度上也能提高文案的转化率。

具体的做法就是给客户设置一个非常醒目的购买按钮，让他清楚地知道点击这个按钮可以获得什么样的好处。举例来说：

由于本公众号与××老师深度合作，所以这些课程可以享受特别的优惠

199元

（原价：299元）

共包含50节课，每节课仅需3.9元

课程永久保存，随时回放

点击按钮进入学习课堂

有个著名的营销大师说："人类行为最广为人知的一个原则是当我们要求别人帮一个忙时，如果我们给出一个理由，成功率将会高很多。"人们就是很喜欢做什么事情都需要理由，所以好的文案在结尾处总是能给客户一个购买的理由，促使客户做出购买的决定。

要点总结：

在文案的结尾处可以以首尾呼应式、利益诱惑式、提议倡导式引导客户，从而给那些还在犹犹豫豫的客户一个向前的推力。

实力卖货女王咪蒙的这篇文案结构值得借鉴

如果你从事过新媒体文案的工作,那么你一定听说过咪蒙的大名。这位自媒体第一女王曾经以犀利的笔触、直戳人心的毒鸡汤俘获了1400万粉丝,几乎每篇文章的阅读量都在10万+,当然了其文案的身价也跟着超高的阅读量水涨船高。有消息称,2018年的年底,咪蒙公众号头条报价已经达到80万元,二条40万元。

报价之高让人瞠目结舌。不过可悲的是咪蒙的文章大多含有粗口、低俗、性和极端煽动的观点,给社会造成了很坏的影响,在屡犯不改的情况下,终于引得大众口诛笔伐,最后咪蒙不得不主动注销公众号。

咪蒙贩卖焦虑、熬制毒鸡汤、写一些低俗无下限的内容赚取流量,为人所不齿,但是其炉火纯青的文案水平还是值得大家学习的。对于咪蒙,大家可以取其精华,去其糟粕,带着批判的眼光去思考,"认真并有意识地决定我们是否应该接受、排斥或暂缓接受有关某一主张的判断",这样文案的路才会越走越远。

以下是咪蒙写的一篇文案,标题为《关于加薪,老板绝对不会告诉你的4个秘密》,主要推销的是"咪蒙教你月薪5万"的课程。下面我们拆解一下这篇文案,看看哪些地方值得大家学习借鉴。

首先标题利用了人的好奇心,人们对于秘密没有天然的免疫力,而且加薪又是每个打工者所向往的,所以"利益+好奇心"就把人们的目光一下子吸引了过来。为了了解加薪的秘密,人们势必要点击了解,下面我们看看她正文的部分是怎么写的。

　　看到网上有人这么说。她吐槽自己的高中学妹，以前看着傻乎乎的，结果毕业去了一家公司，听说才进去两三年，收入就挺高了。
　　本来以为学妹也就月入一两万吧。
　　结果最后才知道，这个学妹每个月光缴税都一两万。
　　她的心态瞬间就崩了。
　　那段时间她睡不着，头发大把大把地掉。她觉得不服气、不甘心，自己经验比学妹多，也很努力，月入才六七千，那个学妹凭什么拿那么多？太不公平了！
　　恕我直言，说这种话的人才是傻子好吗？职场有它的定价规则。她学妹拿那么多，因为她值那么多。职场也是一分钱，一分货。你觉得自己很努力，你工作年限很长，这些对于涨工资并没有什么用。

　　文章的开篇反映了一个人人都能见得到的职场现象：明明自己在职场上拼死拼活的，而且经验也比别人多，为什么收入却比人家差很多！这一下子就戳痛了很多人的心，因为大家或多或少都有这样的委屈！为了增加大家的带入感，她还特意讲述了一个学妹的故事，而这个故事情境既能引起人们的共鸣，又为下文课程的推出做好了铺垫。
　　当然，如果这个时候推出自己的加薪课程，还是不到火候的。为了进一步激发人们对课程的需求，她又在下面制造了更多的矛盾冲突。

　　你以为工作年限长就会涨工资？经验才值钱，经历不值钱！
　　在深圳的时候，我曾经招过两个销售，一个工作3年，一个工作1年。
　　我本来想让工作3年那个当主管，结果很快就发现，她被后辈全面碾压了，业绩上差太多了。

我很奇怪，就去观察她们的工作习惯，我发现，工作3年的完全没有章法，全凭一些基础技能在混；而工作1年那个，每天都复盘自己的得失，总结规律和方法，她的成长是惊人的。

她的1年相当于别人的好几年，所以1年之后，她就升职了，工资翻倍。

所以不要再执着于你工作几年了。更不要以为，再工作两三年，工资自然就会涨——这种价值观只适用于上世纪。

你以为能力好就会涨工资？别傻了，你的能力要让老板看见！

以前我在一家报纸实习，当时跟我一起进去的还有一个实习生，她特别爱表现，每次都主动跟实习老师说，这个采访我能参与吗？

于是老师就带她去了。

我就在旁边目送他们的背影，然后愤愤不平，我明明之前在三家媒体实习过，我有很多采访经验，我的稿子明明写得很好，为什么不让我参与？我觉得自己的能力没有被认可，特别委屈，甚至想：没意识到我有多厉害，是你们的损失！

中间的这两段都是以"你以为"开头，她分别通过两个平行的故事，形象生动地告诉人们一件事：关于职场加薪的规则，你以为的并不是你以为的。通过这两个矛盾冲突，她成功激发了人们对升职加薪真相的强烈渴求。这个时候人们不禁在想：有没有解决这个问题的办法呢？问题一抛出来，她就合情合理地把解决矛盾冲突的办法——教你升职加薪的课程，推荐给了大家。

那么有没有一种方法，让你能快速涨薪呢？

有。

这就是我一直在筹备的音频课程：

《咪蒙教你月薪 5 万》

我、年薪 200 万的王不烦、月薪 5 万的黄小污，一起来教你升职加薪的秘诀，让你成为朋友圈加薪最快的人。

激发了人们购买的欲望之后，紧接着就是增强人们对课程的信任感。

我们不讲空话、套话，只讲学了马上就能用的加薪技巧。

你想找老板谈加薪，我们会告诉你，最好的时间点，就是周四下班前的一小时。

你想跳槽，我们会透露 4 个套路面试官的方法，让你看起来更值钱。

之前请几个老板和高管来试听，他们说课程真的有用，但不会让自己的员工听，都涨薪成功那还得了。

既然他们都这么说，我对这个课程更有信心了，所以我要玩把大的。

我们承诺，3 年后你的薪水涨幅没有超过 50%，课程费用将双倍退还。

为了帮助客户建立信任，咪蒙分别从课程的实用性（加薪技巧，套路面试官的方法，不讲空话、套话），客户证言（老板和高管的试听反馈），以及郑重承诺（3 年薪水没涨，费用双倍退还）等方面加以论述。这样做是为人们购买课程奠定信任的基础。

11.30~12.4 期间，我们还有限时五折优惠活动。

课程原价 99 元，活动期间只要 49.5 元。赶紧点击"阅读原文"去购买课程吧。

一张电影票的钱，就能换来一个改变人生的机会。

总有人要加薪,为什么不能是你?

最后到了临门一脚的关键时刻,咪蒙又用限时优惠、参照对比、反问等方式促成客户购买。

整个文案结构可以说非常严谨,逻辑清晰,步步递进,很有参考的价值。最后这篇文案推出 30 分钟就卖出 1 万份课程!这是一个非常辉煌的战绩,这样的战绩对于普通的文案小白望尘莫及。不过大家不要灰心,万丈高楼平地起,只要你苦心钻研,认真学习,熬过了人生的储备期,那么后面你一定会像毛竹一样疯狂成长,最终变成你期望的样子!

要点总结:

咪蒙卖货文案的结构运用的是 SCQA 模型:场景(Situation)—冲突(Complication)—问题(Question)—回答(Answer)。

解析淘宝店主首页面架构策略

在规划淘宝首页的时候,首先要弄明白说什么的问题,然后再根据产品的特点,确定品牌的调性,规划好整体的颜色,以及每个位置放什么样的内容。

第一,文案的文字部分。

要想构思文案的内容,首先要明白自己推广的产品或服务是干什么,人们为什么会购买这样的产品,它比同类的竞争产品有什么优势;其次要找准目标人群,这些人群的性别、年龄、职业状况、收入水平分别是什么样的，他们的喜好有哪些，有哪些需求急需要满足，他们对该品牌的产品认知程度如何，使用频率高不高。只有了解了这些内容，文案的写作才有了基本的依据。

第二，品牌个性。

品牌个性关系着后续店铺首页的规划，关系着整体设计的风格，所以马虎不得。品牌个性可以从真诚、能力、刺激、经典和粗犷五个维度构建。它代表着品牌的人格特质，若是消费者的个性和品牌个性相近或者吻合，那么消费者对品牌的好感度就会直线上升。

第三，首页的规划。

确定了品牌的调性和文案的内容之后，接下来就要思考网页整体的设计了。网页的设计包括整体的色调，以及确定什么样的位置放什么样的内容。

色彩的搭配关系着用户的视觉体验，也关系着文案的跳转率，所以在设计的时候一定要把握好色彩的各个属性和其代表的心理感知，这样才能把网页内涉及的各个元素巧妙地融合在一个画面里。通常来讲，在一个成功的文案里，色彩不仅仅代表企业和品牌的形象，而且还暗含产品的特性，能给人一种愉悦的感官享受。

在确定了网页的色调之后，接下来要根据用户的视觉习惯安排文案的内容。一般情况下，网页的顶部是非常重要的位置，用户一点开网页首先看到的就是这个部分，所以在这个位置最好放一些产品功能介绍，让客户真切地感受到这个产品能给自己带来什么样的好处。

安排完网页顶部的内容之后，接着再来考虑一下顶部下方左边的位置，这个位置的重要性仅次于网页的顶部。为什么这么说呢？因为普通大众的阅读习惯都是从上到下，再从左往右的。

为了更好地激发用户的购买欲，左边的位置最好安排一些关于产品卖点的内容。当然，产品的卖点不能只是干巴巴的文字，为了更好地表现出产品的优越性，文案策划人员还可以在合适的位置配上一些与卖点文字相关的图片。图片的内容可以是模特的展示，也可以是产品的细节，还可以是有关权威机构的认证。

在介绍完产品的卖点之后，人们或多或少会产生一些购买的意愿。这个时候，大家进一步考虑的就是产品的价格问题了。这个产品到底贵不贵？我能不能买得起？我花××钱买这个产品到底值不值得？为了满足客户占便宜的心理，让他得到一种物超所值的感觉，文案策划人可以充分利用价格锚点，在原价的旁边再放一个优惠价，当然这个优惠的理由必须名正言顺，否则客户会有一种被套路的感觉。另外，为了便于客户做出购买的行动，大家还可以在价格的旁边安置一个购买的按钮。

介绍完产品价格之后，有的客户还是会犹犹豫豫，对于产品的质量、功能、运输等方面存有一些质疑。为了让客户打消这些顾虑，文案在最后不妨安排一些承诺性的话术，这样才能让客户买得安心，用得放心。

要点总结：

设计淘宝首页面是一件非常复杂的事情，除了要考虑文案的广告语和品牌个性，还要把控好整个页面的色调，以及内容与位置的匹配度。

附录：企业营销文案范本展示

××企业市场调研文案

（一）调研背景

随着品牌美誉度的提升，以及研发力度的持续投入，××企业的产品在市场的占比已经达到52.1%。但是随着竞争加剧，不少同类型的竞争产品发展壮大，我们产品所占的市场份额已经没有太大的优势。其中××旗下品牌××和××占据了中端市场，而后起之秀××和××则瓜分着低端的市场。至此，中国××行业呈现出一个典型的金字塔形品牌格局。

通过市场细分，××企业于××年推出了××，这款产品的研发无疑给了××行业一个巨大的向前的推力，也给××用户带来了不少福利。为了提高这款产品在全国重点城市中的占有率，并为企业今后能制订出更为精准的营销发展计划，××市场调查公司将在全国一二线城市进行一次专项市场营销调查。

（二）调研目的

本次市场调研的主要目的包括：

1.分析××产品的前期营销计划，消费者对××产品的期望值，明确其自身的优势和劣势，以及产品上市面临的危机和转机。

2.了解和预测客户对××产品的认知程度和接受程度。

3.以产品的知名度和口碑为基准，确定今后营销计划的正确方向。

(三)调研内容

了解了调研的目的之后,我们再来确定本次调研的内容:

1.调查了解××产品在客户中的使用程度和满意程度,确定该产品以后的宣传卖点。

2.调查了解客户获悉××产品信息的渠道,以及购买××产品的渠道。认真聆听客户的使用感受,以便对产品做进一步的改进。

3.客户对于产品某项功能的认知。

4.客户对××产品的印象评分。

为了更有利于产品前期的销售宣传,我们还将收集潜在客户的性别、年龄、职业、收入等背景资料以备统计分析之用。

(四)目标被访者定义

为了保障本次调查的有效性,也为了更精准地反映××产品前期营销计划的实施情况,我们在样本定义时遵循以下原则:一是样本要有广泛的代表性,以便能够真实而又普遍地反映出大众对××产品使用的心声。二是样本要有针对性。由于××产品属于日用品,而且它主要是针对××人群,再加上它较高的售卖价格,所以调查的人群以一些经济状况比较好的人为主。另外,此次调查主要是针对有使用经验的人,调查地点选在有较高消费能力的一二线城市。

基于以上原则,我们建议采用如下标准甄选目标被访者:

1.××到××周岁的城市居民。

2.本人及亲属对市场调查公司、广告公司及××行业没有过多的了解。

3.在近期未参与过任何形式的相关市场营销调研。

(五)数据收集方法

××手机——品牌策划文案

目录

第一部分　全国手机市场环境现状分析

一、全国手机的宏观环境分析

二、全国手机当前市场状况

三、竞争对手的分析

第二部分　××手机的品牌定位及品牌创意塑造

一、××手机的品牌定位

二、品牌塑造的创意实施

第三部分　××品牌的营销策略

一、××采用的营销策略

二、品牌营销目标

第四部分　财务预算

一、广告制作费用

二、广告发布费用

第一部分　全国手机市场环境现状分析

一、全国手机的宏观环境分析

1. 人口环境

（1）我国是一个地域广、人口多的国家，目前来讲，我国的人口数量达到136782万人，生育率从20世纪70年代初的5.8下降到目前的1.8，低于更替水平。虽然人口生育率有所下降，但是总体的基数比较大，所以手机的消费市场仍然很大。

（2）从人口性别的差异来看，男性对手机的技术要求比较高，他们爱装各种游戏的软件，所以高质量、高规格的手机是他们的首选；女性则看重手机的摄像头像素和储存容量，对于外形精致、摄像功能先进的手机没有免疫力。

（3）随着国家对教育的重视程度的加深，人们的文化水平越来越高，受过高等教育的人口占比正在逐年加大，所以大家对手机的掌握运用入门很快。

（4）由于受地形及经济环境的影响，我国的人口密度呈现一个由东南到西北的递减趋势。通常来讲，人口密度大、经济发展水平较高的地区对手机的需求量要远大于人口密度小、经济发展水平低的地区。并且随着城市化进程的加剧，我国的流动人口持续增加，为了更好地适应城市的高压生活，人们不得不学习知识、了解新闻资讯、进行有效的工作沟通等。基于上述的这些需求，人们对手机的依赖程度越来越高。

2. 经济环境

经济环境对人们的购买力具有决定性的作用。我国自改革开放以来，经济得到迅猛的发展，再加上市场体制的完善和健全，国民经济和人们的消费水平持续走高，所以大家对手机的需求量及购买力也在稳步提升。

3. 自然环境和科技环境

（1）自然环境：近年来，我们的生存自然环境变得越来越糟，人们对环保的呼声也越来越高，手机未来的方向是智能化发展，属于高新技术产品，所以国家大力倡导。

（2）科技环境：随着全球信息技术的发展和产业结构的调整，新一轮的手机产业在我国有得天独厚的发展优势。再加上各大电信运营商的激烈竞争，通信产品将面临更多的发展机会。

相对第一代模拟制式手机（1G）和第二代 GSM、TDMA 等数字手机（2G），3G 移动通信技术能够处理图像、音乐、视频流等多种媒体形式，提供包括网页浏览、电话会议、电子商务等多种信息服务。而 4G 技术又不同于 3G，它能够以超高的清晰度完成视频图像的传输任务。而 5G 网络的峰值理论传输速度可达每秒数十 GB，比 4G 网络的传输速度快数百倍。

所以乘着电信科技的东风，智能化手机将迎来一个更大的发展机遇。

二、全国手机当前市场状况

根据前瞻产业研究院的分析,从国内手机市场的发展看,目前我国手机市场的普及率超过60%,已经相对较高,市场对手机的需求以产品的更新替代为主,增量需求相对较小。除此之外,国内手机市场已经形成了以苹果为代表的国外品牌和以华为、荣耀、vivo、OPPO和小米为代表的国内手机品牌的稳定的竞争格局,新进入企业或现有企业之间的竞争效果作用差异较小。

三、竞争对手的分析

××年××月××日,调研机构IDC发布了关于中国手机市场的最新数据。数据显示,在××年全年销量榜单中,除了vivo、荣耀、华为的增幅呈上升趋势,多数品牌的销量则持续下滑,而占据市场优势的品牌分别为OPPO、vivo。

IDC××年中国智能手机品牌——销量、市场份额、同比增幅

品牌	××年销量（单位：百万台）	××年市场份额	同比增幅
华为			
小米			
苹果			
……			
资料来源：《IDC中国季度手机市场跟踪报告,××年第×季度》 注：数据均为四舍五入后取值			

第二部分 ××手机的品牌定位及品牌创意塑造

一、××手机的品牌定位

随着电信行业的发展，××手机初步定位为4G环境下的"方案提供商"和"系统服务商"。

二、品牌塑造的创意实施

1.公共媒体传播广告

由某某明星做形象代言人，制作30秒的广告片，展示产品形象。

2.产品终端渠道经销点

品牌形象代言人的海报

产品经销手册

喷绘吊板、吊旗、灯箱、产品台卡

产品展示专柜

派送的产品折页、单张

产品说明书及包装

礼品设计

报纸杂志软文推广

第三部分 ××品牌的营销策略

一、××采用的营销策略

第一步利用新浪微博、腾讯网等主流媒体造势；第二步召开新闻发布会，现场展示演绎××手机的非凡功能；第三步在各大城市搞促销活动。

二、品牌营销目标

销售额达到××亿元，毛利率在16%左右，市场占有率初步定在10%左右。

第四部分　财务预算

广告制作费用和广告发布费用总汇

序号	项目名词	单位（元）	数量	总价（元）
1	××租金			
2	宣传单			
3	促销舞台搭建			
4	记者礼品费用			
5	促销奖金费用			
6	发传单			
7	演出人员工资			
8	电视广告费用			
9	软文推广费用			
10	其他			
11	总计			

品牌推广策划方案

一、市场分析

1. 市场背景

随着消费水平的逐年提高，人们对家装有了更高的要求，这对于××品牌既是一次挑战，也是一次商机。不过近几年，国家对房地产市场的宏观调控使得家装市场的需求锐减。总体上说，家装市场供大于求，市场竞争趋向高档化、品牌化。

根据"一站式装修"需求日益强烈，整装是家装市场未来的主流模式。

前瞻产业研究院发布的《中国互联网家装行业市场前瞻与解决方案深度分析报告》统计数据显示，2011—2017年间，中国互联网家装行业市场规模增速基本维持在25%以上。截至2017年，中国互联网家装行业市场规模增长至突破2000亿元，达到了2461.2亿元，同比增长25.7%。预测

2020年中国互联网家装行业市场规模将突破4000亿元。并预测在2023年中国互联网家装行业市场规模将达到5677亿元左右。

这些数据表明在未来几年，中国互联网家装市场规模将得到前所未有的发展。

2.产品说明

××家装公司是中国建筑装饰协会会员单位、中国建筑装饰综合实力十强企业，具有国家装饰设计乙级及施工贰级资质。公司倡导绿色健康的装修理念，以"专业化、产业化"品质向客户提供优质、完善、一流的产品和服务。

二、广告策略

1.广告目标

（1）推广××家装公司的理念，最大限度地在全市范围内扩大知名度、美誉度。

（2）确立××家装的品牌形象。

（3）扩大××家装公司的市场占有率。

2.广告创意

以普及家装知识、保护消费者权益为路线，以绿色健康装修为宗旨。

3.广告标语

××家装——家装界的消毒软件

品质筑家，幸福满园

三、公共策划

1.活动计划

活动时间：××年×月××日到××年×月××日

活动地点：××市各小区

活动对象：有装修需求的客户

2. 活动方案

活动名称：健康家装　安全你我他

主办单位：××家装公司

承办单位：

顾　问：待定

负责人：待定

3. 活动流程

活动开始前：活动现场布置（宣传海报、条幅、气球、红色气拱型门、音响的摆放、展架放置到位，等等）。

活动开始阶段：音乐造势，吸引周围用户的注意力，营造喜庆热闹的氛围。

接着主持人宣布本次活动正式开始，关于活动的目的、意义，以及××家装公司的简介一定要介绍清楚。另外还要请专业的摄像师对整个活动过程多角度摄制录像，并制作成精美VCD光盘供××家装公司保存。

活动一：

主题：普及家装常识

目的：就消费者对家装信息、材料行情等知识盲点进行专业的解答，中间顺势植入××家装公司产品的内容及合作成员的实力，并且选择合适的时间发放宣传单。

开始时间：×××点

活动二：

主题：现场抽奖

目的：借助调查问卷表从侧面了解消费者对××家装公司产品的认知和需求程度。

时间：×××点

内容：根据参与者所填写的调查问卷表进行现场抽奖，中奖的名额可以获得价值××元的奖品。

四、广告实施阶段

广告实施阶段分为两个时期：导入期和生长期。

导入期的目的是让××市的全体居民对××家装有一个大致的了解。并且通过专业的引导，改变家装业主们传统消费观念。

生长期主要是在消费者了解的基础上进一步提升××家装的品牌形象，营造好的口碑。

五、网络品牌宣传策划

1. 战略整体规划

品牌与产品分析、竞争分析、受众分析、独特销售主张提炼、市场分析、整体运营步骤规划、创意策略制定、投入和预期设定。

2. 营销型网站

页面布局、网站结构、网站功能、关键字策划、设计与开发、视觉风格、网站栏目、网站 SEO。

3. 传播途径的规划

SEO 排行优化、博客营销、微博营销、论坛营销、知识营销、口碑营销、新闻软文营销、视频营销、事件营销、公关活动等病毒传播方式。

六、数据监控运营

访问人群分析、网站访问数量统计分析、咨询统计分析、网站排行监控、传播数据分析、网页浏览深度统计分析、热门关键字访问统计分析。

七、广告媒介

主要包括报纸、POP 海报、住宅区推广、公交站台看板、本地电视台宣传。